特別支援教育時代の
光り輝く**映画**たち

二通 諭

全障研出版部

■はじめに　本書のねらい

　映画は、どんな時代を生きているのかについて知るためのテキストとして有効です。映画で時代を読む、ということです。その際、あるテーマに着目して全体をながめるという方法があります。あえて言うなら、天井に小さい穴を開けて、そこから部屋の全体を俯瞰するということです。戦争という穴を開けて、映画は戦争をどう語ってきたか、人種という穴を開けて、映画は人種差別をどう語ってきたか等々、ひとつのテーマを追いかけることをとおして、過去を知り、現在の課題と格闘し、未来のあるべき姿をイメージしていくのです。
　筆者の場合は、映画は障害者をどう語ってきたか、ということになります。それは、映画で障害者問題の解決の行方を考察する営みです。

＊

　さて、2007年4月1日をもって特殊教育が特別支援教育へ移行しました。それは単なる名称の変更ではなく、対象枠の拡大や新しいシステムの構築を伴うものでした。
　特殊教育の対象は、視覚障害、聴覚障害、肢体不自由、知的障害、病弱、情緒障害、言語障害でしたが、特別支援教育では、通常学級で学ぶLD（学習障害）、ADHD（注意欠陥多動性障害）、高機能自閉症等も特別な教育的支援の対象になりました。
　それは「場」から「ニーズ」への転換も意味していました。すなわち、これまでの特殊教育は、障害があることによって特殊学校や特殊学級という特別な「場」に在籍する児童生徒をその対象としていたのですが、特別支援教育は、対象を通常学級における特別な教育的ニーズのある児童生徒にまで広げたのです。これは小中学校に留まるものではなく、幼稚園や高等学校にまでおよぶものです。

対象枠を拡大した以上、このことに対応する新しいシステムを構築せざるをえません。それは、特別支援教育支援員の配置と拡充という歓迎すべき動きはあったにせよ、主に現有資源の有効活用というアイデアによって推進されることになりました。換言すれば、日本の教師の精神性の高さや卓越性に依拠(いきょ)して推進することになったのです。
　第1に、各校において、校長が特別支援教育コーディネーター（以下、コーディネーター）を指名し、特別支援教育を推進・調整するキーパーソンを明確にしたのです。
　第2に、特別支援学校にセンター的機能としての役割をもたせたことです。すなわち、特別支援学校に小・中学校等の教員への支援機能や、幼児児童生徒への指導・支援機能等が求められることになったのです。
　特別支援学校におけるコーディネーターは、専門家チームや巡回相談などセンター的機能に位置づくものですが、通常学校のコーディネーターは、校内コーディネーターとして、校内の関係者や関係機関との連絡調整、保護者に対する相談窓口、担任への支援、巡回相談や専門家チームとの連携、校内委員会で推進役など、もっぱら校内のコーディネートを主な業務とします。
　また、地域によっては、校内コーディネーター全体を統括する地域コーディネーターを専門家チームに位置づけ、当該地域の校内コーディネーターや学級担任、保護者の支援に当たっています。筆者も中学校教員として2003年から2009年にかけて、2つの地域でその任につきました。それ以降も、地域の専門家チームの一員、かつ大学教員として、地域の枠を越えて飛び込み相談などに応じています。
　コーディネーターと一口に言っても、特別支援学校のコーディネーター、地域コーディネーター、校内コーディネーターと3つのレベルがあるのですが、どのレベルにおいても問われるのはキーパーソンとしての実践力量です。
　なかでも地域コーディネーターは、実践経験や専門的な知見、学校や地域事情の把握などにおいて相対的に優れたものを有しているがゆえに、その任

についているのであり、高い実践力量が期待されています。平易な言葉で表現するなら、地域における「困ったときの駆け込み寺」としての機能が期待されているのです。

さて、筆者は、地域コーディネーターとして、地域における「困ったときの駆け込み寺」になるべく努力してきたのですが、そんな筆者の日々の営みを支えていたのは、子どもの頃から親しんでいた多くの映画です。映画で得た素養、あるいは映画的イメージが特別支援教育教員やコーディネーターの仕事の創造につながったのです。端的に言えば、映画を仕事に引き寄せたということです。

*

前置きが長くなりました。

本書は、筆者の経験を土台として、映画を特別支援教育の仕事に役立たせようという試みです。

本書のねらいは、映画がもたらす以下2点の効果を、読み手のみなさんと共有することです。

①映画で特別支援教育の精神を養うことができる。
②映画で特別支援教育の基礎的知識習得の扉を開けることができる。

筆者は、大学で特別支援教育関連科目を担当し、教職をめざす学生の指導に当たっています。その際、映画を素材とすることによって、認識の共有がより容易になりました。本書が授業やゼミのサブテキスト、ガイドブックとして役立つ機会があればと願っています。

さて、4年前の拙著『映画で学ぶ特別支援教育』(全障研出版部、2011)に対して、真っ先に感想文を寄せてくれたのは高校生でした。筆者は高校生にも読んでもらいたいと密かに願っていましたので、その日は、まさに「我が意を得たり」の気分に酔いしれました。

以下、高校生Nさんの感想文です。

高校三年生の私は、これまで学校という場所に12年間通ったことになる。母校、と聞いて思い浮かべる校舎は3つもあり、これまでの担任の先生を挙げていくと8人になる。お互いの身長をミリ単位まで知っていたような友だちから、顔も知らず廊下ですれ違うだけの子まで、一体いままで何人の子と同じ時間・場所を共有してきたのだろう。

　学校は嫌いではないけれど、いつも少しはらはらする。雰囲気を察知するのが苦手なあの子や思い込みで前のめりになりがちなあの子は大丈夫だろうかとこっそりクラスを見渡してしまうし、提出物の期限がおかしいほど守れない自分自身にもうんざりする。

　これまで私にとって学校とは誰もが得意や不得意と付き合いながら生活している場所だった。今回『映画で学ぶ特別支援教育』を読み、普段の学生という立場での日常とは違う世の中の様々な「場」を窺い知ることができた。また、感覚的にぼんやりとわかっているつもりだった自閉症やADHDなどの発達障害とはどのようなものなのか初めて言葉で知ることができ、うれしかった。

　私でも名前を知っている有名なものから、思わず作品名をメモしてしまったものまで、この本には本当に数多くの映画が登場する。実際にこれから映画を見て、またこの本を読むと、もっと多くの発見があるのだろうと思う。そうやって繰り返していくなかで「イン・ハー・シューズ」のマギーが自己肯定感をもつことができたように、私もまわりのさまざまな人とよい関係を築いたり自分自身を知ることにつなげていきたい。

　この感想からも先に掲げた2点の効果（「特別支援教育の精神を養う」「特別支援教育の基礎的知識習得の扉を開ける」）を抽出することができます。このような幾多の反響に後押しされて本書が生まれたのです。

　特別支援教育をはじめとする教職をめざす方や、すでに仕事に就いている方、福祉・医療・労働等、さまざまな分野の専門職をめざす方やすでに仕事

に就いている方、障害のある方、保護者・家族の方、映画で時代や問題を読み解くというテーマに関心を寄せるすべての方にお読みいただければと願っています。

二通 諭

※注意点
　本書はR18作品など、過激な性描写、暴力描写を組み込んだ作品も取り上げています。たとえば、ある学生は「赤い天使」における野戦病院の手術シーンがリアル過ぎて耐えられなかったと語っています。「恋の罪」も途中で鑑賞を止めた学生がいます。性描写のせいです。となれば「愛の渦」や「愛のコリーダ2000」の性描写についても正視できないという方がおられるでしょう。
　本書は万人向きの映画を紹介しているわけではありません。鑑賞については、鑑賞者の年齢や性質を考慮したうえで判断してください。

　参考までに映倫審査の基準を紹介しておきます。
　G：General Audience（すべての観客）の略。
　　　年齢にかかわらず誰でも見られる。
　PG12：Parental Guidance（親の指導）の略。
　　　　12歳未満は保護者の助言、指導が必要。
　R15＋：Restricted（観覧制限）の略。
　　　　15歳以上は見られる。
　R18＋：18歳以上は見られる。

目 次

はじめに　本書のねらい　3

序　章　「アナと雪の女王」に潜む障害者問題と
　　　　女性解放思想のメタファー　12

第1章　「高倉健」なるものと特別支援教育は
　　　　どのように結びつくか　14

第2章　発達障害的性質を有する主人公　28

■第1節　「サウンド・オブ・ミュージック」のマリア　30
■第2節　「ノーウェアボーイ」のジュリア　32
■第3節　「男はつらいよ」シリーズの寅さん（上）　39
　　　　「男はつらいよ」シリーズの寅さん（下）　44
■第4節　市川崑版「おとうと」の碧郎と山田洋次版「おとうと」の鉄郎　48
■第5節　「タリウム少女の毒殺日記」の女子高校生　52
■第6節　「シンプル・シモン」のシモン　60
■第7節　「舟を編む」の馬締光也　65
■第8節　「脳男」の鈴木一郎　67
■第9節　「星の国から孫ふたり～自閉症児の贈り物」の自閉症兄妹　68
■第10節　「くちびるに歌を」の自閉症青年アキオ　72
■第11節　「DX（ディスレクシア）な日々～美んちゃんの場合」
　　　　ー「誰もが働きやすい社会」をつくる思想と行動　75

第3章　愛着上の問題を抱える子ども・青年・大人　76

- ■第1節　「隣る人」
　　―児童養護施設における自身の私的生活時間を重ねる思想実践　76
- ■第2節　「思い出のマーニー」「ホットロード」
　　―心の居場所を求めてさまよう子どもたち　78
- ■第3節　「恋の罪」―母親から承認されない娘のとった行動とは　79

第4章　「障害者の性」や性的マイノリティを俎上に載せる　81

- ■第1節　「"エロ事師たち"より　人類学入門」
　　―知的障害少女がもたらした新時代の感受性　81
- ■第2節　「赤い天使」
　　―セックス・ボランティアとしての従軍看護婦の実践　91
- ■第3節　「愛のコリーダ　2000」
　―セックス依存症とでもいうべき「病者」の内面世界と行動を精緻に描く　100
- ■第4節　「チョコレートドーナツ」―性的マイノリティの苦難の歴史　101

第5章　「スクールカースト」の虚妄を剥ぐ　103

- ■第1節　「桐島、部活やめるってよ」―「スクールカースト下層」の視点　103
- ■第2節　「鈴木先生」
　　―ひきこもり青年の暴発から学校と社会のあり方を考える　104
- ■第3節　「愛の渦」
　―コミュニケーションに困難を抱える若者たちの性へのアクセスを描く　106
- ■第4節　「キャリー」―特別な支援を要する女子高生の悲痛な叫び　107

第6章　「夜明け前の子どもたち」に学ぶ障害の重い子どもたちの発達と教育　109

- ■第1節　1960年代の実践的試みを始発点として　109
- ■第2節　障害の重い子どもたちに対する実践から生まれた教育指導原理　112
  - ＊参考資料　映画「夜明け前の子どもたち」鑑賞ワークシート　116

第7章　差別や排除のないインクルーシブな社会をつくる　119

- ■第1節　「おおかみこどもの雨と雪」
  ―あえて差別される側に回るという思想の高み　119
- ■第2節　「ニッポンの、みせものやさん」
  「見世物小屋　旅の芸人・人間ポンプ一座」
  ―消えゆく見世物小屋の障害者芸人から障害者史を学ぶ　122
- ■第3節　「私たちの時代」―未来の担い手を育てる確かな教育実践　123

終　章　特別支援教育精神は時代と国境をこえて　127

- ■第1節　「長屋紳士録」
  ―小津安二郎が子どもたちを救済しようとしていた時代　127
- ■第2節　「微笑大使」
  「笑い」の本質をつかみとりながら台湾のインクルーシブ教育の到達を示す　129

観たことのある映画チェック表　131

おわりに　134

┌───┐
│ ■ コラム
│ ●第1章
│ 1　「唐獅子牡丹」を歌って死地に向かった三島由紀夫　16
│ 2　寺山修司にみる「高倉健」と吃音障害論　19
│ 3　吃音障害者としての「森の石松」を捕捉する　22
│ 4　相手に恥をかかせることなく、さりげなく助ける　25
│ ●第2章
│ 5　自身の不幸な境遇にジョン・レノンを重ねることができたなら　34
│ 6　障害者を支えたビートルズの楽曲　36
│ 7　政吉親分のエピソードからヤクザの本質が見えてくる　42
│ 8　「人間性」を映画で定義する試み　58
│ 9　映画で描かれたエピソードと現実のできごとの符合性　64
│ 10　インクルーシブな社会づくりのテキスト
│ 　　「あぜみちジャンピンッ！」　70
│ ●第4章
│ 11　「39窃盗団」─今村昌平門下生による問題提起　85
│ 12　「くちづけ」─親亡き後の知的障害者という問題に迫る　87
│ 13　年金不正受給事件に材をとった「日本の悲劇」
│ 　　─精神疾患によって無職になっている人の「親亡き後」問題　89
│ 14　映画が語る障害者の恋愛と性　95
│ ●第7章
│ 15　「風の舞」─元患者が伝えるハンセン病の現在位置　121
└───┘

カバーデザイン、イラスト／**さやま　はるこ**

序章 「アナと雪の女王」に潜む
　　　　障害者問題と女性解放思想のメタファー

　「アナと雪の女王」（監督／クリス・バック、ジェニファー・リー：2014）は、わが国の興業収入歴代３位を誇る爆発的ヒット作品です。
　エルサはアレンデール王国家の長女であり、アナは次女。エルサは、触ったものを凍らせてしまうという魔力をもっています。かつて幼きアナを凍らせたことがトラウマ（心的外傷）になっています。自身でコントロールできないほどの魔力なのですから、自室に引きこもるしか術はありません。
　ところがエルサは、両親を事故で失い、王位を継承する身になります。はたして戴冠式や舞踏会を無事にこなせるだろうかと不安になりますが、やはりというべきか、人前に出ることで、王国を凍らせ、人々を永遠の冬に閉じ込めることになります。こうなるとエルサに残された道は現実逃避と自らを罰する行為としての隠遁生活しかありません。かくして人里離れた山奥に逃げ込むことになります。
　かの有名な主題歌「レット・イット・ゴー〜ありのままで」は、隠遁生活開始時に歌われものであり、悲しくも不本意な選択ではありますが、翻って重圧から解放された自身の第２の人生への讃歌としての意味をもちます。ここでなら、ありのままの自分を生きることができるのです。
　エルサが繰り出すエピソードは、障害者問題のメタファー（喩え）です。社会生活を阻害するほどの魔力、すなわち顕著な社会不適応性を有する者のトラウマ、ひきこもり、隔離、「親亡き後」問題となれば、それはもう障害者映画のバリエーションです。もっと分け入るなら、凶悪犯罪に手を染める

反社会性を帯びた障害のメタファーともいえるでしょう。

　ただし、最後は「真実の愛」という解決策になります。こうなるとステレオタイプ（よくあるパターン）な印象は否めず、筆者は**細田守作品「おおかみこどもの雨と雪」**に代表される日本アニメのレベルには到底及ばないとの判断に至りました。これが筆者の浅薄なところです。

　筆者は中森明夫の『中央公論』不掲載稿を読み、己の思考の未熟さに愕然としました。
※1

　中森が注目したのは本作のラストです。凍ったアナを溶かすのは「真実の愛」のみという命題が示されますが、それを届けるのは主要男性登場人物であるハンス王子でも山男のクリストフでもありませんでした。

　なるほど中森の手にかかれば、本作は「いつか王子様が」という、これまでの童話の価値観を全否定する物語になるのです。さらに、「こんな過激なメッセージを持つ物語」を「世界中の子供たちが観てしまった」という歴史的意義にまで言及します。

　女性は従属的な存在ではないとする女性解放思想のメタファーが、ディズニーアニメによって伝わる画期性を見抜いた中森。さすがは「オタク」という用語を生み出した1980年代サブカルチャーの旗手。脱帽です。

　「アナと雪の女王」は、単に障害者問題のメタファーというだけではなく、先に述べたように、共感性のかけらもない反社会的言辞を吐き続け、凶悪な犯罪を繰り返し、いわば普通に社会生活を送ることが難しい反社会性パーソナリティ障害のメタファーとしても捉えることができます。それに留まらず、女性解放思想のメタファーも潜んでいるのです。

　なるほど、映画は、深い、のです。

※1　『「ありのまま」意見を発表できない国に未来はない』『創』2014年8月号　所収

第1章 「高倉健」なるものと特別支援教育はどのように結びつくか

　2014年11月10日、「健さん」こと高倉健がこの世を去りました。筆者が知るかぎり、名前に「さん」を付けて呼ばれている俳優は高倉健だけです。そこにあるのは、仰ぎ見るような尊敬の念であり、憧憬です。健さんとして親しまれた「高倉健」は、単に俳優の名前という意味だけではなく、あるものを象徴する記号でした。たとえば、高倉健と聞いて、即座に想起されるのは、寡黙でストイック（禁欲的）な人物像です。

　ちなみに、役名に「さん」がつくのは渥美清演じる「寅さん」です。寅さんの場合は、寡黙ではなく、多弁でストイックです。美しい女性に対して、時には「恋の病」に罹り、寝込むほどの惚れようなのですが、性的な関係に至ることがないという意味でストイックなのです。「寅さん」については、このあと第2章第3節で論じます。

　言うまでもありませんが、尊敬と憧憬の対象としての「健さん」、寡黙でストイックな人物像としての「高倉健」のルーツは、1960年代中期から量産された「日本侠客伝」シリーズ、「昭和残侠伝」シリーズなどの任侠映画にあります。

　ここでの健さんは、支配者や強者に理不尽な目にあわされ、鬱屈した思いを抱いている名もなき多くの人々の代弁者でした。加えて、人間のあるべき姿を示した道徳的な存在でもありました。これぞ粋なふるまい、といった行動モデルを示してくれたのです。

＊

たとえば、**「現代任侠史」**（監督／石井輝男、脚本／橋本忍：1973）の冒頭部分は、人間たるものかくあらねばならない、とする映像によるテキストです。

　健さんはヤクザの世界から身を引き、今は寿司屋の主です。カウンター席には芸者を連れた羽振りの良さそうな旦那。うしろのボックス席には、地方から集団就職で出てきたのであろうか、いかにも場違いで貧しそうな教師と生徒3人。子分格の板前（田中邦衛）が、旦那に対して2万なにがしと請求額を伝えたとき、そんなに高い店とは想像していなかった教師は困惑した表情で財布を覗きます。板前は、教師に対して「6000…」と切り出しますが、健さんは即座にさえぎり、「お一人様250円、1000円いただきます」と告げます。支払い可能な金額を請求された教師は安堵し、取材で来店していた女性雑誌記者（梶芽衣子）は健さんに惚れ惚れとした眼差しを向けます。ちなみに1974年に公立学校教員になった筆者の初任給は6万円でした。

　困っている相手に恥をかかせることなく、さりげなく助ける。自分はと言えば決して善行をひけらかさない。これぞ「侠気(きょうき)」や「粋」の文化として伝承されてきた態度、感性です。これは障害児・者の救済など障害者問題解決の道程にも活かせるものであり、人権思想と合わせて取り込むべきものです。

　任侠映画はその性格上、問題の解決を暴力と情念に依拠せざるをえませんが、多くの観客は時にその部分を差し引いて、人間性の発露の部分に共感し、共鳴したのです。すなわち、学校教育とは一味ちがう教育力を有していたがゆえに、かつて広範な支持を得ていたのです。

コラム1　「唐獅子牡丹」を歌って死地に向かった三島由紀夫

　ノーベル文学賞候補になるほどの世界的な作家である三島由紀夫は、1970年11月25日、陸上自衛隊市ヶ谷駐屯地を襲い、その場で割腹して果てました。まさに、暴力と情念の炸裂といってもよい事件ですが、高倉健の任侠映画も一役買っています。これについては、若松孝二作品「11.25自決の日　三島由紀夫と若者たち」でも取り上げています。

　三島ら5人の決起グループは、襲撃の道行きで「昭和残侠伝」シリーズの主題歌「唐獅子牡丹（からじしぼたん）」を歌っています。自分たちの行動を、「昭和残侠伝」の高倉健と池部良によるラストの道行きに重ねたのです。そこだけ見れば、ほほえましくもちょっと滑稽です。かの三島でさえ、しかも自身の最後的行動を任侠映画の代表作である「昭和残侠伝」に、たとえ2〜3分だったとしても重ね合わせたのですから。

　以下、「唐獅子牡丹」の歌詞と拙稿です。

唐獅子牡丹

義理と人情を　秤にかけりゃ
義理が重たい　男の世界
幼なじみの　観音さまにゃ
俺の心は　お見通し
背中で吠えてる　唐獅子牡丹

親の意見を　承知ですねて
曲がりくねった　六区の風よ
つもり重ねた　不幸のかずを
なんと詫びよか　おふくろに
背中で泣いてる　唐獅子牡丹

JASRAC 出 1508054-501

おぼろ月でも　隅田の水に
昔ながらの　濁らぬ光
やがて夜明けの　来るそれまでは
意地でささえる　夢ひとつ
背中で呼んでる　唐獅子牡丹
(作詞：水城一狼　矢野　亮　　作曲：水城一狼　　歌：高倉　健)

「11.25 自決の日　三島由紀夫と若者たち」
—それは病だったのか、特異な芸術表現だったのか

　「11.25 自決の日　三島由紀夫と若者たち」(監督／若松孝二：2012) は、タイトルの中に「若者たち」の文言があることによって、ストレートに1960年代後半から1970年代初頭の空気を掬い上げた。その当時、政治的立ち位置において若松と趣を異にする「**若者たち**」3部作が脚光を浴び、ピンク映画界に身を置く若松はと言えば「狂走情死考」を発表。両作とも「新宿騒乱」(1968) の現場に足を踏み入れていたが、三島由紀夫を描く本作もあの場へ戻らねばならなかった。10.8 羽田闘争 (1967)、10.21 国際反戦デー (1968・1969)、佐藤訪米阻止闘争 (1969) 等が、三島 (井浦新) とその周辺の若者たちの闘争心に火をつけたからだ。加えて、17歳山口二矢による浅沼稲次郎社会党委員長刺殺と山口の自死 (1960)、金嬉老事件 (1968)、赤軍派による「よど号ハイジャック事件」(1970) が三島をゆさぶる。

　やがて既成概念の破壊へと向かう左翼に対して、三島らは伝統的価値の擁護を対置する。劇中の三島の言によれば、日本人にとって「死は文化」なのであり、「死にも美しさを求める」のだ。陸上自衛隊市ヶ谷駐屯地を襲うにしても実行部隊はわずか5人。使用する武器は日本刀のみ。とすれば、三島らの目標は戦闘に勝つことでもクーデターを成功させることでもなく、日本

刀、切腹、介錯という文化的行為を自衛隊員や大衆に見せつけることにある。任侠映画「昭和残侠伝」シリーズに惚れ込んでいた三島が、その道行きで歌うのは当然ながら「唐獅子牡丹」。この場面はこうでなくてはならないというイメージを忠実に完璧に演じる。人々から孤立し、嘲笑されることを予想してもなお自己陶酔感が勝るのだ。とりわけ、森田必勝（満島真之介）に突き動かされ、死へのアクセルが全開状態となる。ここでは、三島、森田のセクシュアリティの特異性が見え隠れする。軍人若夫婦の切腹、自害を描いた三島の『憂国』にしても、死を前にしていたからこそ性の極致に達しえたのであり、市ヶ谷の総監室における三島、森田の切腹もまた、暗黙のうちに成立していた2人の性の物語の完結として解釈できる。

　三島については、精神医療の専門家から、自己愛性人格障害、性倒錯、完璧主義等の可能性が指摘されているが、翻ってあの結末を避ける手だてはあったのだろうか。病に由来するものだったのか、特異な芸術表現だったのか、おそらく何通りもの見方があるにちがいない。三島の作品タイトルを借りるなら、まさに〈複雑な彼〉であり、興味が尽きない。

『総合リハビリテーション』2012年9月号[※1]

※1　筆者は、『総合リハビリテーション』（医学書院）に、1996年からコラム『映画に見るリハビリテーション』を連載している。

コラム2　寺山修司にみる「高倉健」と吃音障害論

　寺山修司が製作・原作・脚本・監督を務めた**「書を捨てよ町へ出よう」**(1971)にも、当時の若者たちを虜(とりこ)にした「高倉健」を垣間見ることができる。

　開巻一番、暗黒の画面の中から、観客に向かって「私」が語りかける。「私」は「何してるんだよ？　映画館の暗闇で、そうやって腰かけて待ってたって、何にも始まらないよ」「映画館の暗闇の中でカッコよく堕落しようと思ったら、そんなに行儀よく坐ってたってダメ。隣の席にソーッと手をのばしてみてごらん。手を握る。膝をなでてみる。（略）」と観客を挑発する。その後、語りの終盤に至って「高倉健」が登場。「高倉健が大暴れした映画のあとで、まるで自分が二、三人斬ったような顔で、肩をいからせて映画館を出ていったおまえ、そう、おまえよ。（指さして）あの時、おまえに何が起こったんだ？え何が？」。[※1]

　この語りから抽出できることは、高倉健の任侠映画を見た後、一時のことだとしても、「高倉健」になった「つもり」になる、当時の若者たちの心象風景である。これは「高倉健」という共通体験があってこそ成り立つ話である。

　「私」の語りを素直に解釈するなら、大多数のおまえたち（若者たち）は、高倉健に仮託するのみで、自分ではなにもできない存在なのであり、たとえば隣の女の子にも手を出せない欺瞞的(ぎまんてき)な存在なのであり、悔しかったらやってみろ（実践してみろ）ということになる。もちろん、今の時代、寺山の挑発的言辞を真に受けて実践した場合、犯罪者あるいはセクシュアル・ハラスメントの加害者になる可能性が濃厚なので、筆者は「決して真に受けないでください」「寺山の文学的メタファー（喩え）です」と補足することになる。たしかに寺山は警察沙汰になる事件を起こしており、有言実行を貫いたといえるが、一般人であれば生活が破綻する。寺山は、はた迷惑な事件を起こし

ても、作品は国語の教材として取り上げられている。どうあろうと、作品に力があり、人々に愛されている。
＊
　本作では、寺山なりの吃音障害論といったものが開陳されている。吃音障害当事者であった筆者は、自分の症状や存在が肯定されたような気持ちになった。なるほど、障害は芸術的に解釈され、再構成できるものなのだ。
　この場面をシナリオから引用しておこう。

35-C
ブロマイドの高倉健の顔、画面いっぱいに。
どこからともなく吃りの男の声、画面の外からきこえてくる。
吃りの男「朝鮮で生まれて日本で育った、僕は吃らないようにしゃべるために、自分が絶対に吃りそうもない言葉を選び出し、それをいろいろ組み合わせて、本当に言いたかったことと別のことを言ってしまうことがよくある」

　35-D
教会のステンドグラスをバックに、一人の吃りの男が、画面に向かってもどかしそうに語りかけている。
吃りの男「小学校の頃、教科書の五章に『心に太陽を持て』というのがありました。『心に』と言えなくて、コロコロと繰り返してニワトリとあだ名をつけられた。ぼくは卵も産めない、恥ずかしいニワトリ小学生だった。十畳のタタミの上で、腹式呼吸をやりすぎて、医者にかつぎこまれたこともあった。歌をうたうと吃りが治ると言われて、『函館の女』を百ぺん歌った。だが吃ることも、思想ではないでしょうか？　昇る朝日はビルとビルのあいだで吃り、ベートヴェンの『運命交響曲』は、ダ、ダ、ダ、ダ、ダーンと吃る。ベトナムの平和は焦土の上で吃る。雲は吃りの浮浪者。朝鮮海峡は吃りの国境線、見たか！　秩序と服従は滑らかだが、日は吃り、心は吃り、あらゆる反抗は吃り、吃り、吃り

ながら叫ぶのだということを。ぼくは恥ずかしき吃りである。だが、吃るからこそ、自分の言葉を、自分の口の中でかみしめることができるのだ」※2

吃りの男の語りを素直に解釈するなら、唾棄すべき「秩序と服従」以外は、自然現象も社会現象も芸術表現もすべて吃っているのであり、それが普通のあり方、ということになる。加えて、吃ることにより、言語感覚が研ぎすまされ、より高いレベルの言葉の遣い手になる可能性がるということだ。恥ずかしさに負けることなく、恥ずかしさの裏に潜む肯定的な側面を取り出せ、ということになろう。

※1 『寺山修司全シナリオⅠ』フィルムアート社、1993、p.189
※2 『寺山修司全シナリオⅠ』フィルムアート社、1993、p.214

コラム3　吃音障害者としての「森の石松」を捕捉する

　1950年代から1960年代にかけて、清水次郎長物は何度も映画化されている。次郎長一家の人気キャラクターといえば「**清水港の名物男　遠州森の石松**」（監督／マキノ雅弘：1957）というタイトルの作品があるように森の石松である。石松は、オッチョコチョイではあるが、いつも元気だ。

　マキノ雅弘作品「**次郎長三国志　次郎長初旅**」（1953）、「**次郎長三国志　第3部　次郎長と石松**」（1953）、「**次郎長三国志　第4部　勢揃い清水港**」（1953）、「**次郎長三国志　第5部　殴り込み甲州路**」（1953）、「**次郎長三国志　第6部　旅がらす次郎長一家**」（1953）、「**次郎長三国志　第7部　初祝い清水港**」（1954）、「**次郎長三国志　第8部　海道一の暴れん坊**」（1954）に登場する森繁久弥演じる石松は吃音障害者である。ここでは、山根貞男の『マキノ雅弘　映画という祭り』に依拠しながら、次郎長物という大衆的映画の中の吃音観を抽出しておきたい。[※1]

　「次郎長三国志」の2部に当たる「**次郎長初旅**」で、石松は次郎長と出会う。その際、ヤクザのしきたりとして、腰を低め、手を前に出して、仁義を切ろうとするのだが、言葉が出てこない。こんなときは石松流の工夫があり、ポンと額を打つと立て板に水の名調子になる。また詰まると、ポンと額を打つ。発語も運動なので、随伴する動作を入れることによってしゃべりやすくするのだ。

　第4部の「**勢揃い清水港**」の石松は、追分の三五郎となかよしコンビであり、三五郎が石松の通訳者となる。石松には、三五郎という対等平等性が担保されたナチュラルサポーターがついているのだ。筆者がDVDで確認したところ、石松と三五郎は「第3部　次郎長と石松」で出会い、二人旅となる。三五郎は、石松と一緒にいると石松の言いたいことがわかる、と語っている。第4部に先立つ第3部に、通訳者三五郎のルーツがある。

第5部の「**殴り込み甲州路**」では、石松が片目を斬られてしまう。吃音障害に加えて片目の視力を失うことになる。

　第6部の「**旅がらす次郎長一家**」の石松は、仲間の死や片目を失ったことから、怒りにまかせてしゃべりまくる。そのとき次郎長から「おめえ、吃りが治ったのか？」と言われる。怒りの言葉は、一方向的な叫びに近く、妙にコントロールするものではないので吃音症状が出にくいものと思われる。この後、言葉に詰まったり詰まらなかったり、一進一退を続ける。

　第8部の「**海道一の暴れん坊**」（1954）は、いよいよ石松が金比羅に向かうエピソードである。

　石松は次郎長親分から讃岐の金比羅に刀の奉納を頼まれるのだが、道中、酒と喧嘩と博奕は厳禁という条件が課せられる。唯一許されるのは女遊びだ。そんな文脈から、仲間から次のように冷やかされる。

　「お前さん、目を斬られたときに吃りが治ったんだろう。女に惚れられたら、きっと目が明くぜ」

　この冷やかしには、片目を失ったことによって吃音が改善されたのだから、まんざら不幸ともいえないとする、否定を肯定に反転させる知恵が内包されている。

　今回の旅も女遊びしかできないが、それだって目が明くような効果をもたらすかもしれないと、視点の転換を促すのだ。冷やかしの形をとりながらも、相手の思考の枠組みを変えようとする魂胆が感じられる。

　先に「いよいよ石松が金比羅に向かうエピソード」と述べたが、それは、石松がここで命を落とす石松終焉の場となるからだ。第9部「**荒神山**」（1954）の出演者に森繁久弥の名はない。

　「次郎長三国志」全9作は東宝によるものだが、マキノ雅弘は日活でも「**次郎長遊侠伝　秋葉の火祭り**」（1955）と「**次郎長遊侠伝　天城鴉**」（1955）を撮り、森の石松に森繁久弥を配している。このときの石松も吃音障害者である。「秋葉の火祭り」では歌うときには支障のない石松が描かれる。

筆者は1951年生まれであるが、近所のおばさんたちは、歌うときには吃ることのない筆者を見て、歌うときは吃らないと聞いていたけれど本当なんだね、と言っていたことを思い出す。なるほど、歌うときは吃らないとする吃音障害論が大衆的娯楽映画において語られていた時代のことだ。ひょっとすると、おばさんたちは映画で得た知識を援用したのかもしれない。

　興味深いのは「天城鴉」において、武居の安五郎こと、通称「ども安」が登場することだ。通称からわかるとおり、吃音障害者である。ども安と相棒の黒駒の勝蔵は次郎長の敵役なのだが、ここでのども安は次郎長一家と心を通わせる。

　ども安は、島抜けして役人に追われている。役人は、検問で「生麦生米生卵」という早口言葉を言わせて吃音者であるども安をあぶり出すことにする。ここで火の粉をかぶる（迷惑をこうむる）のが石松だ。石松がども安にまちがわれる可能性があり、周囲も本人も心配になる。山道で検問にさしかかったとき、石松はおちつかなくなる。やがて自分の番になりうろたえるが、ここで次郎長が「石、とてしゃん」と声をかけ、両手を打ち鳴らしてくれる。次郎長は、リズミカルに声を出すためのきっかけをつくってくれたのだ。ここで注目すべきは、かつて大衆的娯楽映画、それも任侠股旅ものにおいて、吃音障害者支援の実践がさりげなく描かれていたという事実だ。

　なお、ども安については、1964年に「甲州遊侠伝　俺はども安」（フジテレビ）としてテレビシリーズ化されている。ども安を砂塚秀夫、勝蔵を後に東京都知事になった青島幸男が演じている。監督は、「三匹の侍」（1963）のテレビシリーズで一世を風靡（ふうび）した五社英雄。

※1　『マキノ雅弘　映画という祭り』山根貞男著、新潮選書、2008

コラム4　相手に恥をかかせることなく、さりげなく助ける

　「俠気」として表現される態度や感性は普遍的なものであり、外国映画にも見て取れます。イラン映画**「運動靴と赤い金魚」**（監督／マジッド・マジディ：1999）は、子どもにも存する俠気を描いています。

　主人公は小学生の兄妹。妹の靴を修理してきた帰り道、兄はその靴をなくします。なくしてしまった一足の靴から物語が起動するという、なんともすごい作品です。たかが一足の靴と言うなかれ、それは子どもを崖っぷち状態に追い込むほどのものなのです。

　家計の厳しさを肌で感じている兄は、靴をなくしたことを親に告げることができません。男女が午前と午後に分かれて通学していますので、一足の靴を兄妹で共用するという方策でしのぎます。ただし、午後登校の兄は、懸命に走るものの毎日遅刻です。当然ながら先生から叱られます。

　そんなある日のこと。妹がなくした靴をはいている少女を学校で見かけます。ひとまず後をつけて家の場所を確認。その後、靴を返してもらうべく、兄妹そろって少女の家に向かうのですが、そこで見たのは、全盲(ぜんもう)の父の手を引いている少女の姿でした。自分たちも貧しいけれども、少女の家はもっと貧しい。兄妹は言うべき言葉を飲み込み、踵(きびす)を返します。

　ここで、暗から明に転調。兄が3位になれば靴がもらえるマラソン大会に出場するという話をもってきます。妹は、賞品の靴は男用の靴でしょ、と問いますが、兄は新品だから女用の靴に取り替えてもらえると切り返します。その言葉に妹は安心し、微笑みます。

　はたしてマラソン大会の結果は？　それは見てのお楽しみです。

　ここで言いたいことは、イランの子どもにも、困っている相手に恥をかかせることなく、さりげなく助けるという、俠気や粋の精神があるということです。しかも、本作では障害者とその家族がターゲットになっているのであ

り、前述した「障害児・者の救済など障害者問題解決の道程にも活かせるもの」としての輪郭が一層鮮やかになっています。

　ここで私事です。何年か前のことですが、私の研究室に、初対面の学生が飛び込んできました。話の趣旨は、発達障害のある自分にはアルバイトができない、やりたくても面接で断られる、ついに持ち金が尽きてしまった、どうしたらいい？　というものでした。こんなときは、ひとまず二通に相談してみたらどうだ、と誰かに助言されたようです。

　まさに崖っぷちという状態で私の眼前に立っているのですが、どうやらこの場面で期待されているのはカウンセリング的な対応ではないようです。私なりの「侠気」といったものを発揮する場面なのです。

　以下は、筆者の咄嗟の一言と学生の反応。
　筆者「この研究室でアルバイトを募集している。やってみるか？」
　学生「ハイ、やります！　研究の手伝いをして、お金をもらえるなんてうれしいです」

　今なら、映画のワンシーンのような価値あるやりとりだったと、しみじみ思うことができます。学生は大学を無事卒業し、社会人としての物語を紡ぎ出しています。

*

　「さいはてにて　やさしい香りと待ちながら」(監督／姜秀瓊 チアン・ショウチョン:2015)は、私の上記の体験と再現フィルムのごとく重なります。

　吉田岬(永作博美)は、30年前に別れ、8年前から行方知れずになっている父親の帰りを待つ場として、奥能登の海辺に焙煎珈琲店『ヨダカ珈琲』を開きます。向かいの休業中の民宿に住むのは、シングルマザーの山崎絵里子と娘・有沙と息子・翔太です。

　ここでは小学校3年生の有沙が崖っぷちです。キャバクラ勤めらしい母親は家を空けることが多く、食べ物がない日もあります。そんなときは空腹の

あまり、スーパーで食料品の万引きをするという犯罪行為に追い込まれます。ネグレクトとしてカテゴライズされる被虐待の状況と言ってよいでしょう。

目下の困難は、母親から学校に納める給食費をもらえないことです。級友がつぎつぎ給食費袋を担任教師に渡すのに、自分は渡せません。袋を忘れてきた級友が、持ってきたはずの袋がないと嘘をつくと、有沙が盗んだのではないかと疑われます。ここはもう決起しかありません。有沙はヨダカ珈琲に駆け込み、岬に借金を申し入れるのです。

さて、縁もゆかりもない子どもからいきなりお金を貸してくれと言われた岬はどう対応する？ 状況の詳細は不明だとしても、困難の極みに達していたがゆえの行動であると瞬時に判断すべきでしょう。ここでの岬の咄嗟の言葉は「お金なんか簡単に借りるんじゃない、ここで働きなさい」でした。これこそ侠気。子どもの誇りを傷つけることなく、さりげなく救済する。ここが本作前半の山場です。後半は見てのお楽しみ。しみじみ系映画の佳作です。

被虐待の状況におかれている子どもたちも特別な支援を要します。しかし見てわかる指標に乏しく、加えて判断材料に乏しい場合もあります。したがって、外からの支援が後手になることもあります。ここで必要になるのは、困っている本人が容易に駆け込めるような場所です。たとえば、「優しいおばさんのいる隣の家」ということになります。吉田岬とヨダカ珈琲には、駆け込みやすい優しい雰囲気が漂っていたのです。

私が勤務していた小学校や中学校の場合、学校のそばに教頭住宅や校長住宅がありました。帰宅後や休日、夏・冬休みなど長期休業中に困った事態に遭遇した子どもたちは、やはりというべきか、ふだんから笑顔かつ受容的な態度で接している校長先生や教頭先生の住宅に駆け込んでいました。

長期休業中のネグレクトの場合、食糧や暖房用の燃料が切れてしまうという深刻な状況に直面します。そのようなときに瞼に浮かぶのは受容的で優しい先生の笑顔でしょう。筆者は、駆け込まれた校長先生や教頭先生に、尊敬の念をこめて「教師冥利に尽きますね」という言葉を贈りました。

第2章　発達障害的性質を有する主人公

　映画の主人公で目立つのは、発達障害や愛着障害、はたまたトラウマ（心的外傷）など精神的な困難を抱えた人物です。
　はじめに発達障害あるいは発達障害傾向を多分に有する人物を主人公にした作品を取り上げ、そこに内包されている意味やメッセージを抽出します。
　発達障害としてカテゴライズされる学習障害（LD）、注意欠陥多動性障害（ADHD）、自閉症スペクトラム障害に括られる高機能自閉症・アスペルガー症候群などの概念が広く社会に流布されるようになってきました。
　2012年12月に報じられた文部科学省による調査によれば、公立小中学校の通常の学級で学ぶ児童生徒の6.5％に発達障害の可能性があるとされました。2002年調査は6.3％でしたので0.2ポイント上昇したことになります。2012年調査の学年別集計では中3：3.2％、中1：4.8％、小6：6.3％、小3：7.5％、小1：9.8％と低学年期において顕在化しています。いずれにしても、この10余年の発達障害児童生徒の在籍率は6％強（60万人超）で推移し、かつ増加傾向は否めません。
　LDは1980年代後半から注目されだしましたが、ADHDや高機能自閉症・アスペルガー症候群については、2000年ごろからです。テレビドラマや自助グループ創設などの報道によって認知されるようになりました。
　また、2003年には「人を殺してみたかった」という動機で殺人に至った「愛知県豊川市主婦惨殺事件」が起きました。加害者が後にアスペルガー症候群と診断されたこともあり、「全日空ハイジャック事件」（1999）、「長崎県男児

突き落とし事件」(2003)、「佐世保小6女児同級生殺害事件」(2004)、「宇治市学習塾女児殺害事件」(2005)、「奈良エリート少年自宅放火事件」(2006)等と合わせて、特異犯罪と発達障害の関係についての社会的関心が急速に高まりました。

　拙著『映画で学ぶ特別支援教育』において紹介した「**カミュなんて知らない**」(監督／柳町光男：2006)は、「愛知県豊川市主婦惨殺事件」をモチーフにして作られたものです。舞台は大学。教授から映画制作を学ぶ学生たちに渡されたのが森下香枝著『退屈な殺人者』。本事件を取材したノンフィクションです。学生たちは劇中劇によって事件の核心に迫ることになります。

　劇中、加害高校生の特徴として、「他者も自分も同じ人間として認識し、その感情を理解したり相手を思いやったりする共感性の能力が著しく欠如している」「言葉を文字通り受けとってしまったり、仮定のことやこれからのことを理解することができず、抽象概念の形成は不全である」「冗談や皮肉が伝わりにくい」「強いこだわりがあり計算などある分野に高い能力を有している」といったことが列挙されます。学生たちはこのような人物を理解する術を持ち合わせていません。ひとまず事件をコピーすることに全力を注ぎます。

　話を戻します。その後、2005年に施行された発達障害者支援法、2007年の特別支援教育への移行を経て、先掲した発達障害カテゴリーは、学校現場において「常識」となりました。発達障害児への適切な理解や対応ができたかどうかということではなく、その存在が認知されたということです。

　ここで考えてみたいことは、発達障害そのものあるいは発達障害の要素が混ざっている発達障害系の人は昔から存在していたのであり、ときには、映画の主人公としてひときわその光彩を放っていたという事実です。現代の視点に立って見るなら、それらは発達障害者の可能性やポジティブな側面を高らかに歌い上げていた作品群だといえます。

　第1節から第3節でADHD系の人物、第4節から第10節で自閉症スペクトラム系の人物、第11節でLD者を被写体とする作品を取り上げます。

第1節 「サウンド・オブ・ミュージック」のマリア

　公開から50年を経たアカデミー賞受賞作品「**サウンド・オブ・ミュージック**」（監督／ロバート・ワイズ：1965）は、今でも劇場で上映されています。筆者は往年の名作がラインアップされている「第2回新・午前十時の映画祭」（2015年1月）で再見しました。筆者が、障害者問題とその解決の行方、という問題意識をもってスクリーンに正対するようになったのは1990年代前半のこと。1990年代以降、本作を見ていませんでしたので、本作に宿る発達障害性に気づくこともありませんでした。2000年代以降の視点や知識を動員して見るなら、主人公のマリアは、まさしくADHD系の人物です。

　アルプスの美しい山並みに囲まれて家庭教師マリア（ジュリー・アンドリュース）とトラップ家の7人の子どもたちが歌う「ドレミの歌」。トラップ大佐が歌う「エーデル・ワイス」。これらは小学校の教材としても親しまれている楽曲です。後半は、トラップ家がナチスの手からいかにして逃れることができるかとハラハラドキドキさせます。反ファシズムを基調とする社会派エンターテイメントとしての側面もあります。

　さて、前述したように、本作に現代の視点や知識をもって正対するなら、別の相貌（顔）が見えてきます。すなわち、マリア（ジュリー・アンドリュース）はADHD（注意欠陥多動性障害）系人物なのであり、そのような性質を有する人物のパワーと可能性を歌い上げた作品なのです。

　開巻一番名場面というのが本作の特徴です。「アナと雪の女王」にたとえるなら、エルサが「レット・イット・ゴー」を歌う場面を一番先にもってくるようなものです。以下、日本語対訳本の力を借りて該当部分を取り出してみます。見習い修道女のマリアが山の上で「The hills are alive（高原は生きている[※1]）With the sound of music（音楽にあふれて）」と歌うあの場面です。観客はいきなりうっとり、夢心地です。と言っても、これは修道院にとっては規律違反の行動なのです。歌い終わった後、遠くから鐘の音が聞こえます。驚くマリア。礼拝に間に合わない、またやってしまった、と慌てて駆け出し

ていきます。

　同じころ、シスターたちは修道院長にマリアの修道女としての不適格性を訴えています。「首に鈴でもつけておくべき」「木登りして膝をすりむくし、洋服は破く」「ミサに向かう回廊でワルツを踊るし、階段で口笛を吹く」「礼拝には遅れてくる」「食事にだけは遅れない」等々、ネガティブなエピソードには事欠きません。

　対して修道院長の言葉は「雲を捕まえて留めるにはどうしたらいい」「波は砂の上にとめられません」「月の光を手のひらにとどめておくことはできません」というものです。マリアは、雲、波、月の光にたとえられるほど制御不能ということになるのです。

　マリアの修道院長に対する弁明も言い得て妙。「扉が開いていて高原が私を呼んでいたので知らず知らずのうちに…」「今日の空はあんなに青く、あたりの緑がむせかえるようでしたので、その中に入ってしまわなければならいような気がしたのです」となれば、ADHD的性質の傍証として説得力があります。開いている扉や青い空など、視覚で捉えたものに誘発されて行動を起こしてしまう衝動性の強さが的確に表現されています。

　周囲の評価も自身の振り返りも、今の時代であればADHD的性質として括られるものなのですが、当時はそのような概念も診断基準もありませんから、ひとまず問題児として扱われ、どこかに本人の性質を活かしつつ、最低限の自己統制力を身につけることができる仕事がないものかと検討されたのだと思います。かくして、マリアは期間限定でトラップ家の家庭教師になるという形で修道院の外に出ることになります。

　そこでの活躍はADHD的性質ゆえのことです。その最たるものが「ドレミの歌」で音楽を教えるという着想力と実践力です。子どもたちを息苦しさから解放し、息苦しさをつくりだしていたトラップ大佐の非共感的な冷徹なハートを温和なハートに変えたことは言うまでもありません。マリアは家族全体を暗から明にまるごと変えてしまうパワーをもっていたのです。

[※2]

第2章　発達障害的性質を有する主人公　31

※1 『サウンド・オブ・ミュージック』曽根田憲三監訳、スクリーンプレイ出版、1996、pp.8-21
※2 『サウンド・オブ・ミュージックの秘密』瀬川裕司著、平凡社新書、2014（読むと本作品のおもしろさが倍増します）

◣第2節 「ノーウェアボーイ」のジュリア

　マリアをほうふつさせるのが、「ノーウェアボーイ」（監督／サム・テイラー＝ウッド：2010）で描かれたジョン・レノンの実母ジュリアです。ADHD的もてなし精神にあふれたジュリアも、わが子を音楽の世界に誘い、才能を引き出しました。なるほど、ADHD的キャラクターは、教師など対人援助の仕事に向いているのです。

　ビートルズのジョン・レノンと言えば、母親から2度捨てられた、ということでも有名です。本作は、そのいきさつを描いたという点で出色です。タイトルの意味は「居場所のない少年」とか「落ちこぼれ少年」といったものになるでしょう。

　まずは、ジョンの生い立ちを概観してみます。ジョンの実父は、妻子を省みることなくジョンが1歳半のときに行方知れずになっています。実母のジュリアは、男づきあいが多く、幼いジョンの面倒をあまりみなかったようです。ジュリアは夫が不在中に他の男と恋仲になり、ヴィクトリアを出産しています。しかし、相手の男と連絡がとれないということもあって、ヴィクトリアを養女に出しています。ジュリアは、ヴィクトリア出産後、ジョンが3歳のときに、2人目の夫と同棲生活に入り、2人の娘をもちます。結局、ジョンが5歳のときにしっかり者の叔母のミミがジョンを預かることになり、育ての親になります。

　本作で際立つのは、ジュリアのADHD的な振る舞い方です。

　いい年の大人になっても、なお男の気を引くしぐさをしますし、ジョンにさえ性的な言葉を吐きます。筆者としては、最後の車にはねられるという交

通事故による死も、「不注意」が招いた悲劇ではないかと想像したほどです。もちろんそれは筆者の過剰な想像です。事故を起こした運転手は飲酒していたといいますから、ジュリアに非はありません。

　本作におけるジョンも負けず劣らず、学校での反抗的な態度や衝動的な暴力など、十分に「問題生徒」です。学校生活がうまくいかず、ジュリアの家に転がりこんだジョンは、彼女からロックンロールの情報をもらい、バンジョーの手ほどきを受けます。

　ジュリアのADHD的な性質は、新奇なものを求める行動力、旺盛なひらめきや着眼の良さ、人を喜ばそうとするもてなし精神として結実しており、そのことが後の「ジョン・レノン」としての未来を拓くことにつながったのです。

　ジュリアは、前述のとおり、ジョンを2度捨てています。1度目はレノンをミミに任せたとき。2度目は交通事故による死。このことがなければ、私たちが知っている「ジョン・レノン」はいなかったと思われます。ジュリアは、ジョンを捨てつつ育てたといえます。換言すれば、ジュリアがジョンに与えたトラウマが、ジョンの芸術表現のパワーになったのです。今となっては、それ自体が芸術とも言える親子関係です。

　ちなみにポール・マッカートニーも母を亡くした少年としてジョンの前に現れます。母親不在の境遇が偉人を創ったともいえます。

　いま学校教育の現場では、ジョン・レノンをはじめとするビートルズの楽曲や詞が、音楽、美術、平和教育の教材として稼働しています。筆者には、その向こうにジュリアの眼差しが見えます。

※1　『永遠のジョン・レノン　—愛と平和と音楽に賭けた男』巻口勇次著、三修社、2008、pp.13-27

> コラム5　自身の不幸な境遇にジョン・レノンを
> 重ねることができたなら

　親から捨てられたのかもしれない、自分に対する親の愛の程度がわからない、親の愛を知らないといった愛着上の不安や問題を抱えている場合は、似たような境遇の有名人を参照して人生イメージを構築するという手がある。
　作家で言えば、夏目漱石、太宰治、川端康成、三島由紀夫、井上靖ということになる。井上靖の愛着上の問題は「わが母の記」として映画化されている。しかし文学界のビッグネームは遠い存在である。ここは、義務教育段階でも音楽教材として触れることのあるビートルズのジョン・レノンのほうがより近い存在として重ね合わせやすい。
　以下は、このような観点から「悪人」について論じた拙稿である。

「悪人」―母親に捨てられた男のもがきと寄る辺なさ

　中学校の教員だったころ、職員間の会話で「ショボイ」という言葉がよく使われていた。「小さい」とか「取るに足らない」といった意味だ。中学校教員の苦労の種は、生徒や保護者、あるいは職員がつくりだす日常の小さなできごとのなかにある。頭の中で一度は「ショボイな」と低くめに解釈するものの、無視はできないと考え直す。素早く対応しなければ、問題が拡散し、肥大化する場合もあるからだ。
　「悪人」[※1]（監督／李相日（リサンイル）：2010）が描いたのは、将来の夢や中期的なテーマもない、いわば惰性で生きている人々の「ショボイ」エピソードと、その集積が招いた悲劇である。
　佳乃（満島ひかり）は、女友だちの前でかっこいい彼氏がいる自分を演じていた。彼氏と目されたのは、プレイボーイを気取っているだけの、いかにも浅薄な大学生の増尾（岡田将生）。彼にとっての佳乃はメールのやりとり

をした程度のつきあいであり、その他大勢のかんちがい女の一人でしかない。餃子の匂いをプンプンさせて車に乗り込んでくる無神経さも我慢できない。一方、佳乃と出会い系サイトで知り合った祐一（妻夫木聡）は、幼少期に母親から捨てられており、心の空隙を埋める母性としての女性を欲していた。

　悲劇はこの３人によってつくられた。直接佳乃に手をかけたのは祐一である。山道で増尾の車から蹴り出された佳乃は、自分を助けようとしてくれた祐一に八つ当たりし、警察で祐一にレイプされたと訴えてやる、と脅迫的な言動に及ぶ。佳乃の逆上ぶりに、祐一もまた困惑状態からパニックへとスイッチが入り、無我夢中で佳乃の首を絞める。

　この３人に欠けているのは、状況の程度を認知する力と、怒りの感情とそれに伴う暴発的行動を抑制する力である。まさに未熟な大人なのだ。

　その後の祐一は逃避行。同行するのは、出会い系サイトで知り合った光代（深津絵里）。彼女はさびしさから逃れるために人肌を求めた。自首ではなくて、逃亡を選択させたのも彼女であり、その根本にあるのは、祐一を捨てたくないというエゴイズムである。

　さて、母親から捨てられた祐一のような場合は、ひとつの手として、ジョン・レノンなど同じ境遇の偉人たちの生き方を参照して、人生イメージを構築していくべきだ。残念ながら、祐一の周囲には、そんなアイデアを教示してくれる友や師がいなかった。

『総合リハビリテーション』2010年12月号

※１　本作で、深津絵里がモントリオール世界映画祭最優秀女優賞を受賞。

コラム6　障害者を支えたビートルズの楽曲

　障害者映画史に燦然と輝く「アイ・アム・サム」および「レインマン」では、ビートルズの楽曲が障害者を支える役割を果たしている。
　「**アイ・アム・サム**」（監督／ジェシー・ネルソン：2002）の父親が知的障害者、という設定はかつてなかったものであり新鮮である。
　父親のサム（ショーン・ペン）は7歳程度の知能水準。したがって、娘（ダコタ・ファニング）が7歳を超えるタイミングで、親としての資質・能力に欠けると見なされ、引き離される。そんなことが許されるのか、ということで法廷での闘いとなるが、はたして知的障害を抱えるパパはどんな言葉で挑むのだろうか。
　軽い自閉性障害を併せもつパパは、興味の限局、こだわりのなせる技として、ビートルズの詞を諳（そら）んじることができる。気持ちの説明、事態の受容など、ときにビートルズの詞や逸話を援用する。法廷での闘いにおいても大事なところでビートルズの詞が顔を出す。
　まずは、娘が生まれたときに何と名付けたか。ビートルズの楽曲「Lucy in the sky with diamonds」から「ルーシー」と名付ける。ちなみにこの楽曲は、その当時から頭文字をつなぎ合わせて幻覚剤のLSDを歌い上げたものではないかと噂されていた。サム親子を助けることになるひきこもりのアニーは、その噂はまちがいであり、ジョンの息子のジュリアンが描いた友だちのルーシー・オコネルンの絵をテーマにしたものだと指摘する。アニーは、ニューヨークの芸術大学であるジュリアード音楽院を主席で卒業した音楽家である。ただし、28歳のときから長年部屋にひきこもっているのだ。
　ルーシーの実母は、ホームレス生活を送っていた女性であり、ルーシー出産後姿を消している。
　あるとき、ルーシーはサムに「ママは帰ってくるの？」と聞く。

サムは「ポール・マッカートニーは小さいころママをなくした。それにジョン・レノンも小さいころにママをなくしたんだ。アニーが言ってたけど、神様はときどき…特別な人をえらぶんだって。アニーがそう言ってたよ」と答える。サムも、ポールやジョンを愛着上の不全感を乗り越える手段、あるいは人生モデルとして理解しているのだ。
※1
　次は、学校でのスクールカウンセラーのライト先生と校長の二人とサム・ドーソンとのやりとり。対話としては噛み合っていないが、困難に追い込まれた自分と困難に追い込まれたジョンとヨーコ、ビートルズが重なり合う。

ライト「児童福祉局の記録によりますと、あなたの知能は…7歳程度だということです。私たちが懸念しているのは、ルーシーが8歳になったら、どうなるかということなのです」
校長「ドーソンさん、ライト先生のおっしゃろうとすることがわかりますか？」
サム「ああ。そうだ。ジョンは新しいことをやりたがっていた。そう。そしてそれはヨーコのせいじゃなかったんだ。アニーが言ってたけど…それは「ホワイトアルバム」を聞けばわかるっていってた。だってジョンは、新しいことをやりたかったんだ」

　法廷におけるルーシーの反論は「愛こそすべて (All you need is love)」だ。ずばり、ビートルズの代表作のタイトルである。ルーシーもサムの影響でビートルズを相当聴いたようだ。
※2
　サムはといえば、「ミッシェル」の歌詞にある「アイ ラブ ユー、アイ ラブ ユー、アイ ラブ ユー」のパートが書かれたエピソードを紹介して反論に代える。
　そのほか、随所にビートルズネタが使われるので、ビートルズファンにはたまらないであろう。ちなみにダスティン・ホフマンとメリル・ストリープが共演した**「クレイマー・クレイマー」**のネタも印象に残る。
　1960年代、ビートルズのサウンドが私の世代のハートに火をつけたとき、世の大人たちは、そのファッション、ふるまいを含めて「非行文化」と罵っ

た。しかし、40年の時空を経て、かくのごとく弱者を助ける思想として立ち現れることになった。

　この兆しは、「アイ・アム・サム」から遡ること10余年前の**「レインマン」**（監督／バリー・レビンソン：1989）にも見てとれる。

　自閉症者である兄・レイモンド（ダスティン・ホフマン）と遺産目当てに接近していた弟・チャーリー（トム・クルーズ）が一緒に歌える唯一の曲が、ビートルズの「アイ・ソー・ハー・スタンディング・ゼア」だった。これは、兄弟が共有する記憶の財産がビートルズの楽曲だったということであり、この歌を一緒に口ずさむことが兄弟関係再生のターニング・ポイントになった。

RAYMOND:(singing) "She was just seventeen…"
（歌う）「娘は17歳だった。彼女は抜群にかわいくてさ…」
CHARLIE & RAYMOND:(singing in unison) "So how could I dance with another…"
（一緒に歌う）「他の娘となんて踊れるわけないさ。君がそこに立ってるのを見たんだもの…」[※3]

　なるほど、ビートルズが創造したのは、障害の有無を超えた普遍的な文化だったのである。

『総合リハビリテーション』2002年9月号を改編

※1　『名作映画完全セリフ集　アイ・アム・サム』亀山太一監修、スクリーンプレイ出版、2002、p.29
※2　同上書　pp.47-49
※3　『外国映画英語シナリオ　レインマン』スクリーンプレイ出版、1993、p.87)

▶第3節 「男はつらいよ」シリーズの寅さん（上）

　「あなたは ADHD 系」「彼はアスペ系」といったように、友人同士の他愛もない性質分類にも発達障害カテゴリーが用いられるようになってきました。

　本章の問題関心は、そのような視座から、往年の映画の登場人物を見るならどのような解釈が成り立つだろうか、という点にあります。発達障害傾向を有する人物は、映画の主人公になりやすい特異なキャラクターを有していますが、その頂点に立つ人物といえば、やはり**「男はつらいよ」**シリーズの「寅さん」こと車寅次郎（渥美清）です。役名に「さん」がつけられて、1960年末以来、現在に至ってなお親しまれているのですから、その知名度、存在感たるや圧倒的です。

　「男はつらいよ」第1作は1969年8月に公開、最終作である**第48作「男はつらいよ　寅次郎紅の花」**は1995年12月に公開されています。**第3作「フーテンの寅」**（監督／森崎東：1970），**第4作「新 男はつらいよ」**（監督／小林俊一：1970）以外は、すべて山田洋次が監督しています。

＊

　さて、寅さんとはどんな人物でしょうか。

　劇中、本人が語る自己像は「生まれついてのバカ」であり、おいちゃんの寅さん像も「生まれつきのバカ」です。幼少期から発達や行動上の問題を有していたものと思われます。

　「男はつらいよ」第1作で、およその生い立ちが語られています。それによれば、20年前に実父とケンカをして家を飛び出し、それ以来音信不通。中学も卒業していなかったといいますから、山田作品**「十五才　学校Ⅳ」**(2000)における「家出系不登校」の先取りです。ただし、**第2作「続 男はつらいよ」**(1969)では葛飾商業退学となっています。**第26作「男はつらいよ　寅次郎かもめ歌」**(1980)では、寅さんが中学を卒業していないために定時制高校に入学できないというエピソードが出てきます。このときの

寅さんの履歴書には、柴又尋常小学校卒業、葛飾商業学校入学、葛飾商業学校中退と書かれています。葛飾商業学校は中学校に相当するものと思われます。小学校を卒業し、中学校（葛飾商業学校）に進学したものの卒業できなかったのです。これは後に夜間中学校を舞台とする山田洋次作品「**学校**」（1993）のモチーフになります。

　さて、寅さんの発達障害性を、第１作における「バカ」などの侮蔑的否定語の使用頻度から捕捉してみます。

　おいちゃんが発する「バカ」は７回。「バカだねー、ホントにバカだ」というだめ押し的な言い回しになるのが特徴です。おばちゃんは（寅さんなんて帰ってこないで）「死んでいた方がマシ」という具合に、最上級の表現となります。裏のタコ社長は「バカッ面」と吐きすてますし、御前様は「ホントに困ったー」と嘆きます。妹のさくらも「バカ」を３回ほど発しますが、まちがった判断をしないでという切なる願いを込めた慣用的な言い回しです。

　それにしても、「バカ」という言葉を頻繁に浴びせられているのは事実であり、寅さん自身、舎弟の登に「俺みたいなバカになりてぇーのか」と説教を垂れるほどです

　寅さんは、自身のバカの根源は出自にあると思っています。父親がへべれけに酔ったときに芸者にはらませた子どもであり、優秀なさくらとは異母兄妹です。しかも生母とは別れたままであり、愛着上の問題も抱えています。

　実父からはたびたび折檻されています。折檻の原因は盗みや不良仲間との喫煙です。実父が寅さんを叱るとき、「お前は、へべれけのとき、つくった子どもだから、生まれついてのバカだ」と言っています。寅さんは身体的にも心理的にも虐待を受けています。寅さんは被虐待児でもあるのです。

　寅さんは葛飾商業２年生のときに校長を殴って退学になります。校長が「やっぱりお前は芸者の息子か、どうせ家じゃろくな教育をしてないんだろ」と言ったことが発端です。

寅さんにもすぐ手が出てしまう衝動性があります。それは、とらやにおける定番の取っ組み合いのケンカに反映しています。衝動性のほか初期作品群では多動、不注意も顕著です。
　それと居眠りの多さ。睡眠、覚醒にも問題があります。開巻一番の夢のシーンは昼寝によるものですし、とらや（第40作から「くるまや」に屋号変更）に戻ってきてからは、だれよりも早く寝て、起きるのは日が高くなってからです。多眠傾向が顕著です。
　さらに、毎度おなじみの寅さんの葉書も当初は倍賞千恵子が左手で書いたとのこと。となれば、学習障害のひとつである書字障害が疑われます。あの井上ひさしが「言葉の達人」※1と絶賛するほどの人物ですが、書字となるとからきし苦手なのです。中学校も卒業せずにヤクザ稼業となりますが※2、その正体は、ADHDと学習障害をベースとする「学習困難＝学校不適応」だったのです。
　寅さんは発達障害の傍証に事欠かない人物です。加えて、前述したように愛着上の問題も抱えています。
　退学後、家を飛び出した寅さんは、北海道の政吉親分の世話になり、「渡世上ゆえあって親一家もちません」と仁義を切るテキ屋になります。暴力団には、博徒系、テキ屋系、愚連隊系という3つの流れがあるようですが、一部に暴力団系のテキ屋がいるとしても、テキ屋のすべてが暴力団の範疇に入るわけではありません。いずれにしても寅さんは、暴力団とは言わないまでも、自身を「ヤクザ」「渡世人」とみなしています。とはいっても、先に紹介したように親一家をもたない孤高の渡世人です。

※1　『寅さん、あなたが愛される理由』山本晋也・渡辺俊雄、講談社、2012、p.18
※2　『寅さん大全』井上ひさし監修、筑摩書房、1993、p.179

コラム7　政吉親分のエピソードからヤクザの本質が見えてくる

　第5作「**望郷篇**」（1970）に登場する政吉親分は余命幾ばくもありません。寅さんが見舞いに行くと、絞り出すような声で、わが子に会いたいと訴えます。わが子と言っても、昔、函館の旅館の女中に生ませたきり会ったことはないという間柄です。寅さんが訪ねると、その子どもはりっぱな青年となり、国鉄の機関助手として堅実な生活を送っています。
　寅さんは、実の父親に死期が迫っているので会ってくれないかと懇願するも、青年（松山省二）は勤務中を理由に取り合ってくれません。ここであまりに有名な小樽から小沢までタクシーで列車を追いかけるシークエンスとなります。鉄道マニアにとっては垂涎のシーンです。ここは、南正時の『「寅さん」が愛した汽車旅』に語ってもらいます。[※1]

　　寅さんは政吉親分の願いをかなえるべく、息子の勤務する国鉄の機関区を訪れる。この機関区はマニアックに言わせてもらえれば、小樽市の「小樽築港機関区」で、当時は国内有数のＳＬ機関区だった。デコイチをはじめ、「キューロク」といわれた9600形機関車、かつては東海道本線で颯爽と特急「つばめ」の先頭を飾っていた「ソロクニ」（Ｃ62形ＳＬ）などが在籍していて、ＳＬファン憧れの地だったのだ。

　　デコイチをタクシーで追う寅さん。ここから名場面の函館本線の「ＳＬとのカーチェイス」が始まる。途中の銀山駅で先回りして待つも「銀山通過！」の声で、寅さんたちの前を通り過ぎるデコイチ。再び銀山峠に向けて猛ダッシュ。この小樽から倶知安経由で長万部に至る路線は、函館本線の「山線」といわれるルートで、いくつかの峠を蒸気機関車が越える、昔からＳＬファンにとっては有名な撮影地だった。私も何度となくＳＬを追って沿線を訪れたことがある。

かつては同線の花形急行「ニセコ」号がシロクニ重連で引かれて、いくつもの峠を越えていた。映画の中には、余市、銀山などＳＬファンにはおなじみの駅も登場して、迫力ある峠越えのデコイチの雄姿もふんだんに描かれている。このあたりは「鉄」必見のシーンである。

寅さんは小沢駅でようやく青年と話すことができます。この青年の語りが見事ですので、紹介しておきます。
「小学校の１年生のときでした。自分に父親がいると知らされて、むしょうに会いたくなって、おふくろに内緒で汽車にのって札幌まで行ったんですよ。後で考えれば、そこは赤線だったんですね。何度も人に聞いて父親がいるというその家まで行ったら、女の人が大勢いて、父親だと指さして教えられた男が真ん中にいて、女の人をなぐっていましたよ。その若い女の人は泣いて謝っているのに、その男は何度もなぐるんですよ。ぼくはその男が鬼のように見えまして。」
青年は結局父と会わず、線路伝いに歩いて家まで帰り、母にさんざん叱られたのです。この青年は、寅さんが属しているヤクザの世界の本質を言い当てているのです。寅さんは政吉親分のところでわらじをぬぎ、慕っていたのですから、鬼畜の所業を厭わない悪の側にいたことになります。寅さんは、自身の置かれた立場に気づき、返す言葉もありません。
なるほど昔なら、寅さんのような発達障害や愛着上の問題を抱えた人の一部は、非行からヤクザの道へと進んでいったのかもしれません。

―――

※１　『「寅さん」が愛した汽車旅』南正時著、講談社α新書、2008、pp.27-28

■第３節　「男はつらいよ」シリーズの寅さん（下）

　さて、本節の目的の１つは発達障害当事者としての寅さん像の再構成です。シリーズ全48作、侮辱的否定語の使用頻度はどのように変化するのでしょうか。否定から肯定への転換があるなら、それは発達障害者の社会的な可能性や有用性を示唆するものです。**第３作「フーテンの寅」**（1970）では「バカ」が11回も使われ、第１作と同程度です。**第４作「新 男はつらいよ」**（1970）でも同程度ですが、さらに「正常ではない」や、現在では「放送禁止用語」ともいえる「きちがい」という言葉もかぶせられます。筆者は、テレビの生番組でコメンテーターがこの言葉を使ったとき、司会者が視聴者にお詫びするという場面を何度か見ています。「きちがい」が「放送上差し控えたい用語」として認知されたのは1974年のことです。

　「きちがい」は名作の誉れ高い**第５作「望郷篇」**（1970）でも使われています。ただし、このあたりから「バカ」の使用頻度は落ちてきます。

　先掲した**第26作「寅次郎かもめ歌」**（1980）における「バカ」の使用は１回のみです。それも、おいちゃんが国勢調査の調査員に「バカが１人いる」と自己卑下、あるいは皮肉を込めて言う程度のものです。

　それどころか、**第27作「浪花の恋の寅次郎」**（1981）では、ちょっとした修羅場をおさめるファシリテーター、あるいは教育者のような役割を果たします。両親が離婚しているふみ（松坂慶子）には、小さいときに離ればなれになっている弟のひでおがいます。ふみは寅さんを伴って、ひでおが勤めているという会社を訪ねますが、先月病死したと伝えられます。同僚たちも輸血に応じ最善を尽くしたとのこと。ここで、ふみは「なんでうちにゆうてくれなかったんです」と激昂します。寅さんは、ここの人たちはだれもお姉さんがいたことを知らなかったのだからしかたがない、ととりなします。さらに、生前ひでおが大変お世話になりました、と潔い態度で謝意を述べます。婚約者の娘には、あんたが一番悲しい思いをしているでしょう、といたわります。中立的かつ共感的にその場を収めていく点で、立派な教育者です。

第16作「葛飾立志篇」(1975)では「愛」の定義を開陳します。「あぁ、この人を幸せにしたいなぁと思う。この人のためだったら命なんかいらない、もう俺死んじゃってもいい、そう思う。それが愛ってもんじゃないかい？」。
　第36作「柴又より愛をこめて」(1985)でも「愛って何だろう」と問われて、「いい女がいたとして、男があーいい女だなと思って、この女を俺は大事にしたいと思う、それが愛ってもんだ」と答えています。「大事にする」がキーワードになっています。
　用語解説もあります。第28作「寅次郎紙風船」(1981)では、「フーテン」という言葉の意味を問われて、「フーテンの寅」とは「故郷を捨てた男」なのであり、「フーテン」を「故郷を捨てた人間」であると説明します。
　第42作「ぼくの叔父さん」(1989)では、妹さくらの子育ての悩みを解決します。さくらの一人息子である満男（吉岡秀隆）は予備校生ですが、親には無口を決め込むか、そうでなければ反抗的な態度しかとりません。さくらの訴えは、扱いにくくて困っている、ついては満男の相談相手になってほしいというものでした。ここは寅さんの腕の見せ所。
　満男の話をよくよく聴くと、思春期特有の恋愛と性の悩みをもっていました。寅さんは、満男の両親を含め、みんな同じ道を通っていると返します。後は酒を入れての語り合いです。悩みは吐き出すことで軽くなりますし、対話によって視点や考え方に変化が生じます。寅さんのようなADHD的な性質を有する人物は、相談など対人援助の仕事に向いています。
　本作では、満男のガールフレンドである泉（後藤久美子）の義理の叔父に当たる高校教師の嘉一（尾藤イサオ）との対決もあります。ここでの寅さんは、暴力性や衝動性は影を潜め、きわめて理性的な物言いになっています。
　嘉一は、エリート主義が鼻につく高校教師で、共感性にかける人物です。演じたのは、1960年代にロック歌手として活躍した尾藤イサオ。嫌なタイプの大人を好演しています。その昔、不良性感度の強い若者文化を牽引した尾藤が、泉に対して「姪のあんたが、まるで不良のごと、男とバイクの二人

乗りして夜中までほっつき歩いて、高校教師の私の面汚しだ！」と事情を察することもなく怒る役を担うところに、山田洋次ならではの趣向を感じます。

翌朝、寅さんは嘉一を訪ね、嘉一の満男に対する非難の言葉を静かに聴きます。そして、こう口を開きます。「私の甥の満男はまちがったことをしていないと思います。慣れない土地へ来て、さびしい思いをしているお嬢さんを慰めようと、両親にも内緒ではるばるオートバイでやってきた満男を、私はむしろよくやったと、ほめてやりたいと思います」。

シリーズ終盤にきて、青年期の悩み相談に応じたり、教師に人の道を説くなど、なかなかの成長ぶりです。

＊

恋愛についても、ふられるというよりも、成就しそうになったら、自らピリオドを打つ行動に出ます。飽きっぽい、という自身の性質がわかってきたからです。こんな自分じゃ相手に迷惑をかける、という思いやりから、自ら去っていくのです。

これについては、満男が的確に分析しています。第44作「寅次郎の告白」（1991）では、「おじさんはね、手の届かない女の人には夢中になるんだけど、その人がおじさんのことを好きになると、あわてて逃げだすんだ」と、これまでの現象（事実）を概括します。いわば事実の確定です。

第45作「寅次郎の青春」（1992）では、背景にある本質を抽出します。おじさんが蝶子（風吹ジュン）のところに残ったら、もっと悲劇になると結論づけたうえで、その理由を説明しています。「おじさんは、楽しいだけで奥行きがないから、1年もすれば結局あきてしまう」。この満男の見解に、なんと寅さんは同意するのです。自己認知が深まり、客観的な自分と主観的な自分がかなりの程度一致するようになってきたのです。

発達障害克服のひとつの条件は、本人が自分の性質を知り、工夫と努力を重ねることです。その意味で、寅さんは発達障害克服の道をたしかに歩んでいます。その過程で、ときには周囲を和ませ、ときには慰めの使者となり、

ときには教育的説法者としての力を存分に発揮しています。

＊

　さて、寅さんが加齢とともに安定感が増してきていますが、筆者はその要因のひとつとして、テキ屋としての地位の高さ、成功者としての自尊感情があるのではないかとにらんでいます。元テキ屋秋山道男の所論によれば、劇中の売る場所、商品構成を見ると、地位の高さは明白とのこと。タンカバイも同業者の憧れのレベルに達しているとのこと。

　やはり、自己肯定感が人格の形成と安定のキーワードなのです。ただし、劇中、テキ屋業界での地位の高さについての言及はありません。寅さん自身はむしろ卑下しています。とらや（40作目から「くるまや」）の面々から、テキ屋のカリスマとして評価されたこともありません。

　第9作「柴又慕情」（1972）では、（寺の掃除という地道な仕事はむいていないので）本職の行商に戻るべきという主旨の話が、妹・さくらの夫である博（前田吟）から出ていますので、少なくとも寅さんにとってはテキ屋が天職、というのが周囲の暗黙の了解事項だったと思われます。これも、多動、集中困難、衝動性を主症状とするADHDの傾向を有しているがゆえのことです。高く評価されていたとすれば同業者からということになりますが、そのような場面を目にすることはついにありませんでした。

　寅さんがそうであるように、発達障害や愛着障害の傾向を有していても、有能な働き手、職人として評価される機会に恵まれるなら安定した人格を形成かつ維持することができるのです、繰り返しますが、寅さんにとってはテキ屋が天職だったのです。

※1　『差別用語』用語と差別を考えるシンポジウム実行委員会編、汐文社同時代叢書、1975、pp.286-287
※2　『寅さん大全』井上ひさし監修、筑摩書房、1993、p.107

■第4節 市川崑版「おとうと」の碧郎と
　　　　　山田洋次版「おとうと」の鉄郎

　拙著『映画で学ぶ特別支援教育』で取り上げた**山田洋次作品「おとうと」**(2010) は、**市川崑作品「おとうと」**(1960) へのオマージュ（敬意）であることを字幕で明らかにしています。

　両作とも発達障害的性質を抱える人物を登場させており、市川版ではADHD傾向の強い碧郎（へきろう）(川口浩) ですが、山田版では碧郎に当たる鉄郎（笑福亭鶴瓶）に加えて、新たに祐介を配しています。祐介のふるまい方は、近年、芸能人の離婚の原因として取り上げられることで広く知られるようになってきた「モラル・ハラスメント」といってもよいでしょう。

　寺山祐介は、高野吟子（ぎんこ）（吉永小百合）の一人娘である小春（蒼井優）※1と結婚する若手医師ですが、言葉のキャッチボールができず、小春に一方的な考えを押しつけることに終始します。吟子から、小春と向き合って話しなさいと窘（たしな）められても、何を話してよいかわからないし、箇条書きにでもしないとわからないと答えます。結局、小春と祐介は離婚することになります。

　祐介は鉄郎同様、困った人です。ただ、鉄郎のように小春と祐介の結婚式を酔った勢いでぶち壊すようなタイプではありません。理性的で、決められたことをきっちりやるタイプです。ただし他者への共感性が乏しいのです。一定の社会的な成功を収めたエリートゆえ、自身の問題に対する自己認知にも遅れが生じやすいのではないかと思われます。

　ここで祐介が小春に放った言葉を紹介しておきます。これは小春が母親の吟子に訴えたことです。「運転免許を取ろうと思ってね。祐介さんにお金ちょうだいって言ったの。そしたら、そういうものは嫁入り支度としてしておくものなんだから、費用は実家から出してもらえって」「たとえば、歯医者さんに行って差し歯をしたら、保険がきかなくて高くついたんだけど、なぜ結婚前にそういう手入れをしておかないんだって、怒られたり」「まるで他人と暮らしているみたいなの」。

吟子は、祐介が勤務する病院を訪ね、小春と二人で話し合うことを勧めます。そのときに祐介が吐いた言葉は次のようなものです。微妙に噛み合わないやりとりなのですが、こんな脚本をよく書けるな、と本当に感心します。
　「話し合いたいって言ったってね、何を話したいんだか、それが僕にはわからないんですよ」。吟子は、短い時間でいいから向き合って話し合う時間が必要なんじゃないの、と返します。
　「だから、向き合って何の話をするんですか」と、すれちがったまま。
　言葉に窮した吟子は、まじめなことをまじめに話し合うということなんだけど、と同語反復状態になってしまいます。祐介は相手の気持ちや意図を想像することが苦手であり、吟子にとって祐介タイプは、想定外の相手、未体験ゾーンの人物だったと言えます。
　「箇条書きにして書いてもらえれば、一つ一つに答えられるんだけども、ただ話し合えって言われてもね。そりゃ、僕が浮気でもしたって言うなら別ですよ。残念ながら、そんな暇なんてあるわけがない」。
　吟子は共感性の高い「いい人」なのですが、祐介タイプに対応する術を持ち合わせていません。「箇条書きにして書いてもらえれば」というフレーズには、テーマを可視化してほしいという願いが込められています。「向き合って」や「まじめなことをまじめ」というフレーズは祐介には意味不明なのです。「向き合って」は、通常の場合、腰を据えてそれぞれ言いたいことを出しあい、とことん話し合う意味としてとらえるべきです。しかし祐介にとって「向き合って」というのは、せいぜい空間配置的なイメージなのでしょう。
　「まじめ」ということについても、真剣な態度、という抽象的なものではなくて、「浮気」という具体的な問題に還元します。表出された言葉の奥にある「意図」を読みとることが苦手なのであり、その後の話し合いのテーマが想像できないのです。
　このシーンの前に、吟子は、小春と祐介がメールでコミュニケーションをとっていることを聴き、驚愕しています。しかし、メールであれば用件が文

字として可視化されているので、祐介にとっては対応が容易なのです。祐介にとっては、メールによるコミュニケーションのほうが合理的であり、性に合っていたのです。祐介は、どちらかといえば自閉症スペクトラム系の人物です。ここでは、祐介が述べているように、テーマを箇条書きにするなどの段取りが必要だったのです。

本作において祐介は投げ出されたままになっています。ADHD系の鉄郎は愛すべき存在として描かれていますが、自閉症スペクトラム系の祐介は、共感性の乏しい人物として冷たくあしらわれています。しかし、祐介のような人物にも独自の支援課題があるはずです。それにしても、さすがは山田洋次です。時代に伴走し、時代に素直に突き動かされているがゆえに、祐介のような人物を配することができたのです。

*

1960年・市川崑版「おとうと」の碧郎はADHD系の人物です。碧郎は若くして肺結核で命を落としていますが、あの碧郎が生きていたらどんな人物になっていたか、というその後のイメージが2010年・山田洋次版「おとうと」の鉄郎なのです。

鉄郎は小春の結婚式[※2]で、飲んではいけないアルコール飲料につい手をつけてしまい結婚式をぶちこわします。その後の吟子と鉄郎のやりとりです。

「後でしょうへい兄さんと2人で、お婿さんの家に行って、さんざん叱られてようやく許してもらったの。中学生じゃあるまいし、いい年した弟のために謝りに行くの、うんざりよ」

「うー、また、やってしもうた…」

大人になったADHD系人物の特徴がよく出ています。

鉄郎は、結婚式をぶち壊すほど抑制のきかない人物です。いわゆるどさ回り（地方を巡業する劇団）の役者や、たこ焼きの屋台で生計を立てるなど職を転々としているようです。親しくなった女性から借りたお金を返しません。その女性を小ばかにし、返すつもりもありません。事実上、自分より弱い者

から金を巻き上げたのです。結局、吟子が借金の肩代わりをします。

寅さんも、**第26作「寅次郎かもめ歌」**において、借金と称して軽い知的障害があると思われる源公（佐藤蛾次郎）から2万円を巻き上げています。場当たり的で無責任なところは似ています。

話を戻します。吟子にとっては困った弟ですが、どこか憎めないところもあります。市川版の碧郎は大正時代の人物です。山田版における笑福亭鶴瓶演じる鉄郎は、時空を超えた碧郎の晩年の姿です。碧郎が生きていたら、はたしてどんな人間になっていったのか、さらに家族や周囲はどのようにつながり、どのような状況になったのか、ということを描こうとしたのです。

ここで碧郎にまつわるエピソードを列挙しておきます。

相手を骨折させたり、自分も鼓膜を破られたりなど、かすり傷程度ではすまない喧嘩をします。出かけるときにナイフを携行しようとします。このような状態ゆえ、停学処分を食らいますが、そんなことには懲りず、本屋で万引きをして、退学処分となります。本人は、安いメモ帳を狙った遊びであり、自分は盗人ではないと言い張ります。盗みではなくて遊びだ、とするオレルールによる判断がそこにあります。

次に遊興と浪費です。ビリヤードに飽きると、貸しモーターボートでスピード感とスリルを味わいます。もちろん、それらの請求は姉や家に回します。きわめつけは、馬に乗って土手を走り、馬もろとも転落します。馬の補償となると、ビリヤードやボートの比ではありません。

自己認知の弱さ、衝動性の強さ、翻って抑制力の弱さが顕著です。規範意識、金銭感覚、経済観念も未熟です。ここで強調しておきたいことは、ADHD的性質を有した人は昔からいたということです。

碧郎もまた、姉のげん（岸恵子）から見れば困った弟ですが、その接し方、いたわり方は母のごとくです。

吟子もげんも、困った弟に対して母性を発揮していたのです。寅さんに対して妹さくらも母性を発揮しています。翻って、ADHD的性質を有した人

は他者の母性を引き出しやすいともいえます。

　市川崑版「おとうと」の原作は幸田文の同名小説です。姉げん役の岸恵子は「おとうと」を自分の代表作だと語っています。市川崑には、自分と奥さんの和田夏十の脚本しか映画にしないというこだわりがあったようですが、「おとうと」の脚本は水木洋子です。脚本のすばらしさに目を見張り、これを映画にしないという手はない、との判断になったようです。

※1　『家庭モラル・ハラスメント』熊谷早智子著、講談社＋α新書、2008
※2　『山田洋次　なぜ家族を描き続けるのか』新田匡央著、ダイヤモンド社、2010、p.24
※3　寅さんの源公からの借金については、後で返すということを表明して終わっていますので、観客は安心できたと思います。シリーズをとおして、源公への言及は少ないのですが、源公に軽い知的障害があるとする見方については、第9作「柴又慕情」（1972）において、御前様（笠智衆）が、寅さんに対して「頭の足りない源吉でも、ああやって働いている」と諭している点を根拠としています。対する寅さんの答えは、「頭が足りないから働いているんでしょ。御前様にだまされて」というものでした。

■第5節　「タリウム少女の毒殺日記」の女子高校生

　ここからは、自閉症スペクトラム障害、自閉症スペクトラム系の人物に光を当てた作品を取り上げます。

　近年、自閉症スペクトラム障害に属する高機能自閉症・アスペルガー症候群、サヴァン症候群、あるいはそのような性質を部分的に有している人物を主人公とする作品が目立っています。

　邦画では先掲した「カミュなんて知らない」のほか、「舟を編む」「箱入り息子の恋」「劇場版 ATARU THE FIRST LOVE & THE LAST KILL」「脳男」などがあります。

　スウェーデン映画では「シンプル・シモン」、アメリカ映画では「モーツァ

ルトとクジラ」「ものすごくうるさくて、ありえないほど近い」、さらに岡田尊司の所論に倣うなら「ヒッチコック」にまで拡張できますし、「ドラゴン・タトゥーの女」※1にもその傾向が見て取れます。

　さて、「タリウム少女の毒殺日記」（監督／土屋豊）は、2005年に女子高生が起こした「静岡母親毒殺未遂事件」から着想されたものです。加害少女が母親にタリウムを飲ませ、衰弱していくようすを観察するという点に本事件の特異性がありました。加害少女は，精神鑑定の結果,「アスペルガー障害」の診断が下されています。

　したがって本作は自閉症スペクトラム障害ものの系譜に属します。※2言うまでもありませんが、アスペルガー症候群当事者の圧倒的多数は犯罪とは無縁です。稀にですが衝撃的な事件の加害者となるような例があります。その多くは事件後に診断が下されているものと思われます。残念なことです。アスペルガー症候群等の発達障害者が自己実現できるためには、周囲の適切な理解と対応、本人が自身の性質を認識したうえでの努力と工夫が必要です。

＊

　視点をずらし、「LUCY／ルーシー」（監督／リュック・ベッソン：2014）に依拠するなら、高い能力をもちながらも社会性の障害あり、とみなされる自閉症圏の人びとは、人類が希求する進化の姿であると解釈できます。本作によれば、現代人は脳機能の10％程度しか使っていません。ちなみに、他の動物は3～5％、イルカは20％です。

　ヒロインのルーシー（スカーレット・ヨハンソン）は、台北のホテルでマフィアの闇取引に巻き込まれ、運び屋として腹部に袋詰めにされたＣＰＨ４と称する薬物を埋め込まれます。ところが粗暴な連中に腹部を蹴られ、薬物が袋から漏れ出し体内に飛散。これによって脳機能の使用率が上昇します。

　20％の使用率で外国語を1時間でマスターしたルーシーは、脳科学の権威であるノーマン博士（モーガン・フリーマン）に28％に達していると前置きして、他人の肉体や磁波および電波を制御でき、量子物理学、応用数学な

どの知識の量が増え続け、その一方、痛みや恐怖、欲望を感じない、人間的な感情が薄くなっていく等々、自身の「症状（状況）」を開陳します。

その後、40％で空中を飛び交う電波が見えるようになり、50％で物質を支配できるようになります。たとえば、自身に向けられた拳銃の弾丸を床に落とすことができます。まさに無敵のサイボーグです。ただし、学者グループに「驚くべき高い能力」を有していることを証明する際、1人の学者の肩に手をかけ、「あなたの娘さんは6歳で事故死、青い車、革の座席、バックミラーに鳥…」と、トラウマとでもいうべき嫌な記憶を言語化します。学者は泣き崩れますがお構いなしです。このエピソードは、高い能力と引き換えに共感性や人間性が損なわれていく証左として位置づけられています。

本作を、人類進化のメタファー（喩え）、仮説として読み解くことができます。人類は、進化すればするほど人間性が衰弱していくというパラドックス（矛盾）に見舞われる、ということです。となれば、共感性、社会性を育てる教育が、矛盾解決、問題解決の切り札になるはず。ひょっとすると、現下の特別支援教育はルーシー的未来世界の教育と地続きなのかもしれません。私たちは、ルーシー的未来世界のとば口（入り口）に立っているのかもしれません。オチは「生命の目的」論。ラストに来て、ちょっとユーモラス。1時間半という短さも悪くはありません。

＊

「タリウム少女の毒殺日記」に話を戻します。

本作は東京国際映画祭（2012）の「日本映画・ある視点」部門で作品賞を受賞しており、その点では先掲した「カミュなんて知らない」と出発点を同じくしています。とはいえ、劇場展開となると様相は異なります。本作は2013年7月に東京で公開された後、全国順次公開とはならず、筆者が正対できたのも2014年秋の札幌における自主上映のための試写会でした。

筆者にして、公開機会が増えることを願いつつも、いじめの被害者でありながら、母親には加害者である発達障害者を観察対象とする本作の成り立ち

に、観るべき作品としてどのように紹介できるか、多少の迷いが生じたこともたしかです。端的にいえば、本作をどのように意味づけるか、どこに価値を見出すかという問題です。

このような迷いは、発達障害者を教育的に支援し、その可能性を最大限に発揮させようと日々取り組む特別支援教育実践者という筆者の属性ゆえのことですが、それに留まらず土屋独自の手法にも由来します。すなわち、映画は虚構、という約束事からの逸脱です。

園子温であれば、おぞましい光景も祝祭的に美しく見せてくれますが、土屋にそれはありません。フィクションをドキュメンタリー（現実）によって説明し、虚構と現実の境界にゆらぎが生じます。ときには監督自身がインタビュアーとして介入します。

グラビアアイドル倉持由香が演じる主人公は「タリウム少女」の2011年バージョンとして造形されたものです。少女は学校で壮絶ないじめにあいますが、それに耐える方略として、何も感じない自分、いじめられている自分を傍観するもう1人の自分を立ち上げます。いじめは動画に収められますが、その一方、少女もまた「もっと見たい？」と宣いながら自撮りの世界に浸ります。これは自撮り画像をネット上に公開している倉持の実生活と重なります。加えてネット上では、倉持自身も一定の性質を有している人物として物語化されています。

筆者なりに「物語化」をひとまず定義づけるなら、ことの真偽や程度が曖昧なまま流通しているフィクション、換言すれば「加工されたお話」です。土屋は、タリウム少女役をネット検索で探したといいます。筆者は、そこで倉持の「自己開示」とそこから派生する「物語」と出会い、白羽の矢を立てることになったのではないかと推測しています。

かくしてタリウム少女と倉持が二重写しとなるのですが、これはもうキャスティングの勝利であり、倉持由香という実存の勝利です。

＊

さて、本作の意味づけに関わることです。本作の少女は母親へのタリウム投与を中止します。したがって母親は健康を取り戻します。その意味で、タイトルとは裏腹に倫理的です。あえてバッドエンドものとハッピーエンドものに分けるとすれば、少なくとも表層においてはハッピーエンドものです。

　少女は科学に高い関心をもち、さまざまな生物の観察や解剖の映像記録を動画日記としてユーチューブ（You Tube）にアップロードしています。前述したように、いじめられている自分も観察の対象にしています。

　一方、少女の母親は、老いに抗するべく若さを保つ努力に余念がありません。少女はそんな母親も実験と観察の対象にするのです。タリウムという毒薬を少しずつ投与することで壊れゆくプロセスを観察するのです。

　では、どうしてタリウム投与を中止したのでしょうか。筆者の見立ては、興味・関心の変化です。換言すれば、マイブームの変化です。

　ドキュメンタリーパートに登場する人物は、美容外科医、透明ガエルを作製した研究者、iPS細胞の研究者、身体改造アーティストらですが、ここから読み取れるのは破壊ではなくて創造であり、破壊ではなくて再生です。

　少女のブームは、壊れゆくものの観察から、創造や再生へ移行したのです。ブームが反社会的なものから社会有用的なものへと移行したことによって、悲劇的な結末を避けることができたのです。

　しかし、これだけでは問題が残ります。人への思いやりや共感性、そこから発するところのやってよいことと、よくないことの区別、すなわち善悪の判断といったものは獲得できないのか。獲得できないと仮定すればブームを変えるしか手はないのか、という課題がせり上がってくるのです。2014年にも同傾向の佐世保女子高校生殺害事件、名古屋大学女子学生による殺人事件が起きており、これは切実な課題です。

　いずれの事件の加害者たちも、善悪の判断ができるほどの論理的思考力を有していたはずです。ただし、自分のルールや判断基準を優先させる思考パターン、自分のやりたいことは社会的な善悪の基準や人間性から発する善悪

の基準を超えて実行に移してしまう衝動性、さらには、衝動を抑止、制御することができない未熟さを抱えていたものと思われます。

　このような自身の性質についての自己認知を促すことこそ、教育の課題であり、本人の自己教育の課題なのです。

　本作は、思いやりや共感性について、ささやかながら回答を用意しています。希望の一筋の光、というべきものを見せてくれます。

　母「あのさ、プリシラがいないんだけど、なんか、した？」

　少女「殺した」

　母「えっ!?」

　少女「綺麗なまま、保存した。お母さんも殺すでしょ？　魚。しかも食べるでしょ？」

　母「食べる魚と観る魚はちがうでしょ!?」

　少女「何がちがうのか、わかんない。そんなこと、誰が決めたの？」

　金魚をめぐる母親と少女のすれちがいの会話です。このような子どもたちをもつ親からみれば「ある、ある」と呟きたくなるところでしょう。ところが、この会話はすれちがいのようにみえて、良い影響も与えているのです。

　少女は、母親の話から観賞用の魚があることに気づきます。ラスト、少女は観賞用に加工した金魚を母親の背後に置きます。これは、少女なりの母親に対する思いやりと共感性の精一杯の表現だといえます。

　本作の着地点は、いい意味で大方の予想を裏切ります。筆者は心中密かに呟きました。「見終わった後、酒を飲みながら議論したくなる映画って、何年ぶりだろう」と。

※1　『アスペルガー症候群』岡田尊司著、幻冬舎新書、2009、pp.237-239
※2　『ドキュメント 発達障害と少年犯罪』草薙厚子著、イースト新書、2014、p.135

コラム8 「人間性」を映画で定義する試み

「LUCY／ルーシー」についてふれた箇所で「人間性」という言葉を使っています。「人間性とは何か」と問われても、簡単には答えられません。
　ここでは「人間性」というものを映画で定義づけてみます。
　以下、「人間性とは何か」という問いに対する答えが見えてくる「**フライト**」「**さよなら渓谷**」について論じた拙稿です。

　物語を概括する常套句のひとつに、「人間性の回復を描いたもの」がある。その際、「人間性」とは何かという、いわば定義にまで言及することはない。簡単に説明できることではないし、そもそも面倒だ。ただし、映画の主人公を素材にするなら、「人間性」というものをイメージ豊かに語ることが可能。
　以下、2作はその典型である。
　「フライト」（監督／ロバート・ゼメキス：2013）。さすがにアメリカ映画、わかりやすい。旅客機の機長ウィップ（デンゼル・ワシントン）は、パイロットとしての腕は一流だが、アルコール依存症である。あるとき、上空で機体が故障し、不時着を余儀なくされる。背面飛行というウィップならではのアイデアによって、乗客102名中、死者は客室乗務員カテリーナを含む4名に留まった。問題なのは、ウィップの血液中からアルコールが検出され、機内のゴミ箱から酒瓶が発見されたことだ。飲酒操縦となれば終身刑だが、これにしてもカテリーナが飲んだことにしておけば、自分も会社も助かる。公聴会での証言もこの線で決まりということになった。
　ところが、いざ証言の段になると、なぜか言葉を発することができない。このとき、ウィップの脳裏をかすめたのは、背面飛行中に座席から落ちてくる子どもたちを必死に元の席に戻すカテリーナの姿であった。この先は見てのお楽しみ。

続いて**「さよなら渓谷」**（監督／大森立嗣：2013）。さすがに日本映画、一筋縄ではいかない。大学野球部の集団レイプ事件の被害者かなこ（真木よう子）と加害者尾崎俊介（大西信満）が、なぜかいまは都会から離れた渓谷で夫婦として暮らしている。

　かなこは俊介に復讐するために生き、俊介は贖罪、すなわち、己の人間性のために生き、かなこからの理不尽とも言える仕打ちにも耐え忍ぶ。2人は、不幸になるために一緒にいるのであって、幸福になってはいけないのだ。

　ある日、かなこは俊介の前から姿を消す。幸福の兆しが見えてきたからにほかならない。俊介は週刊誌記者渡辺（大森南朋）から、エース投手としての華やかな人生と贖罪人生のどちらが良かったかを問われるが、ここでエンドとなる。

　ラストで俊介が発しようとした答えと，その後の2人の関係性に関心のある向きは、黒澤明**「静かなる決闘」**、木下惠介**「永遠の人」**、アンリ・コルピ**「かくも長き不在」**を参照されたし。かなこと俊介の人生は始まったばかりなのだ。

『総合リハビリテーション』2013年10月号

■第6節 「シンプル・シモン」のシモン

　スウェーデン発「**シンプル・シモン**」（監督・脚本・製作／アンドレアス・エーマン：2014）の主人公のシモンはアスペルガー症候群当事者であり、「触らないで、アスペルガーです」と書いたバッジを胸につけています。

　シモンの触覚過敏は並み外れており、善意で自分に触れた女性を殴るほどです。街の交差点で、シモンは女性とぶつかり、自分の抱えていた本を散乱させます。女性の名前はイェニファー。本作のヒロインです。

　イェニファーは、善意から「ごめんなさい、ケガしなかった？」と言いながらシモンの肩に触れるのですが、シモンはなんとイェニファーの頬を平手打ちするのです。この場面を採録シナリオによって再現してみます。

　　イェニファー「（ビックリして）何をするの？」
　　シモン「君をぶった」
　　イェニファー「それはわかるけど…なんで？」
　　シモン「（本を拾い集めながら）アスペルガーだ」
　　イェニファー「アスペルガー症候群ならいいって？」
　　シモン「（イェニファーが手を貸そうとするのを拒んで）触られるのは嫌いだ。
　　　　　遅刻する」

　「何をするの？」に対して、言葉を字義通りに解釈して「君をぶった」と答えます。通常であれば、突然ぶつかってきたので頭にきた、というように殴るにいたる気持ちの説明、理由の説明になると思いますが、シモンの場合、すでに確認不要の事実を述べるに留まります。たしかに言葉を字義通り解釈しがちなアスペルガー症候群の傾向が見てとれます。

　イェニファーは、だからどうして殴ったのかと詰問しますが、シモンはアスペルガー症候群であることを理由に挙げます。イェニファーは、アスペルガー症候群であれば暴力をふるってもいいのかと応酬します。

　この場面で注目すべきは、アスペルガー症候群であろうとなかろうと、暴力をふるうべきではないというメッセージを出していることです。トラブル

に見舞われたとしても、暴力の行使ではなくて平和的に解決するという原則を明確に伝えるべきなのです。日本では警察沙汰になる可能性大の事件ですが、スウェーデンでは、その場における教育的対応、説諭の事案なのかもしれません。

というのも、2009年、筆者が全障研のメンバーと共に、ストックホルムの青年相談所を訪ねた際、アスペルガー症候群当事者や知的障害者による痴漢行為は処罰の対象になるかどうかを聞いたところ、先方は、その質問自体が解せないという表情で、スウェーデンでは指導範囲のことで、警察沙汰になるようなことではない、と答えていたからです。

本作には、イェニファーが、シモンの触覚過敏という「障害特性」なるものを越えていく際に一役買う、というシーンがラストに用意されています。平手打ち問答は、物語の重要な伏線、発達障害者の社会生活を考えるうえでの重要な論点になっているのです。[※2]

＊

ここで家族の困難についてふれておきます。

開巻一番、聞こえてくるのはシモンの声です。

「地球のまわりの軌道を僕は回る。客観的な目で見るために。宇宙が好きだ。問題も誤解もないし、混乱にも陥らない。宇宙には感情がないから」

シモンはドラム缶の中にいるのです。

母親が、早く出てこい、とどなります。父親は、50クローナあげるから出ておいで、と呼びかけて紙幣を差し込みます。しびれを切らした母親は、兄のサムに、シモンが8時間もドラム缶に入っていると電話します。どうやらこんなときはサムが頼りになるようです。

バイクで駆けつけてきたサム。なるほど、シモンとのコミュニケーションの方法を心得ています。シモンを説得するのではなくて、「宇宙船」の乗員であるシモンと交信するのです。相手の物語に入ること、換言すれば、相手の土俵の上で勝負するのです。といっても、家族の思い描く物語にはならず、

第2章　発達障害的性質を有する主人公　61

シモンの「ほかの着陸点を」という要求に応じて、サムは自分のアパートにシモンをドラム缶ごと運びます。ひとまず、サムと恋人のフリーダ、シモンの3人で暮らすことになります。

　当然ながらシモンは、他人の気持ちを推し量ることなく自分本位に行動するので、フリーダにとっては耐えがたいことばかりです。なにしろ、サムとの愛の交歓真っ最中の寝室の扉さえ、「トイレの紙がない」といって開けられてしまうのですから。シモンの同居によって、サムとフリーダの関係は破局します。

　シモンのようにアスペルガー症候群であることを広く開示していたとしても、生活上の困難を簡単に軽減できるものではありません。シモンの最大の理解者は両親よりも兄のサムですが、そのサムにしても、シモンの理解しにくい行動のおかげで恋人のフリーダに逃げられてしまいます。それはシモンにとって皿洗い係を失うことでした。

　物語の第1章がシモンと家族の困難についての粗描だとするなら、ここから物語の第2章が始まります。第1章が「破壊篇」だとするなら、第2章はさながら「建設篇」です。

　シモンは、サムにとっての科学的に完璧な新しい恋人を求めて街に行きます。13も質問項目をつくり、サムと相性が合う女の子を探すのです。

　質問項目は、「ＳＦ映画は好き？」「犬と猫なら？」「セックスは？ 大声を出す？」「皿洗いはする？」「バス？ 電車？」「カラシ？ ケチャップ？」といったようなもの。しかし、「全問正解者」は簡単に見つかりません。ようやく見つかっても「わかってないな」とサムに一蹴されます。その際サムは、2つのマグネットを見せながら、磁石の同じ極がはじきあうようにそっくりな人間は反発しあい、磁石の反対の極がくっつくように正反対の人間はおたがいにひかれあう、と説明します。

　これを機に、シモンは正反対タイプを探す活動にのめりこむことになります。はたして、シモンの考える恋愛方程式、その結末やいかに。

本作は、アスペルガー症候群当事者の実相と可能性をラブコメディとして紡ぎだしたものです。本作が提供してくれたのは、シリアスなエピソードも少し引いて見たならコメディとして受けとめることができる、という視点です。問われているのは、受けとめる側の度量の広さ、です。

※1　2011年アカデミー賞外国語映画賞スウェーデン代表作品
※2　『ストックホルム・青年相談所の性教育について』永野佑子（『夜明けを待ちながら　北欧2009　スウェーデン・フィンランド』全国障害者問題研究会研修ツアー2009　報告集所収、pp.39-40)

コラム9　映画で描かれたエピソードと現実のできごとの符合性

　映画で描かれたエピソードと現実のできごとの符合性に驚くことがあります。あっ、これはこのあいだ見た映画とにている、というあの感覚です。

　韓国発「ソウォン/願い」(監督/イ・ジュンイク：2014)は、傘をさして歩いている小学生女児が中年男に連れ去られレイプされる事件をあつかっています。女児は命こそ落としませんでしたが、重い身体障害と精神的外傷を負うことになります。加害者は、酒を飲み酩酊状態だったので事件の記憶は一切ないと言い張ります。本作公開時、日本でも傘をさしている女児が何者かに連れ去られ、命を落としています。加害者として目されている人物もまた酒癖の悪さでは定評がありました。なんともやりきれない事件です。

　駅の点字ブロック上を白杖歩行していた盲学校女子生徒が、接触した何者かによって足を蹴られ、負傷しました。この報道に接したとき、なんと酷いことを、と多くの人が思ったことでしょう。正直に申しますと、私の場合、瞬時に脳裏を過ぎったのは、なんらかの障害のある方が復讐心に身を任せて機械的に反撃したのではないかという可能性でした。仕事柄、さまざまな例に遭遇していますから、そんな思考がポンと出てくるのです。もちろん、このような思考に陥る自分を否定しようするもう1人の自分が「先入観に支配されたダメな奴」という烙印を押してくれるのですが。

　たとえば「シンプル・シモン」の主人公シモンの触覚過敏は並み外れています。街の交差点で、善意で自分に触れた女性を殴るほどです。盲学校女子生徒を負傷させた加害者は「知的障害者」として報道されているのみで、それ以上の情報を持ち合わせていませんが、事件と同時期に公開されていた本作も偶発的な接触から発する暴力をあつかっており、その共通性に感じ入ること大だったのです。ここから導き出される教訓は、平和と非暴力の感性を育む生涯を通した教育の必要性です。

◣第７節　「舟を編む」の馬締光也

「舟を編む」（監督／石井裕也）が第68回（2013年）毎日映画コンクール日本映画大賞を受賞しました。男優主演賞も同作の松田龍平です。同年の他の賞にまで分け入っていくと、スポニチグランプリ新人賞に**「箱入り息子の恋」**（監督／市井昌秀）の星野源の名前があります。この２人が演じた人物像は、診断名こそつきませんが、いずれも自閉症スペクトラムに属しているとみていいでしょう。これも近年のトレンドであり、発達障害系人物がごくありふれた存在になってきているということの証左です。

「舟を編む」の松田龍平演じる馬締光也（まじめみつや）は、大学院で言語学を学んだ後、出版社に入社するものの配属された営業部ではまったく成果を出すことができません。書店の仕入れ担当者に平積みを依頼する際、「お願いします」と「あ…あの」程度しか言えないのです。周囲の評価は、「おたく」「変人」「コミュニケーション能力ゼロ」というもの。馬締自身、下宿先の大家さんに、自分の気持ちを相手に伝えることが苦手で他人の気持ちもわからない、と語っています。

さて、馬締はたまたま空きが出た辞書編集部に配置替えになります。社内では敬遠されている部署です。なにしろ15年かけて一冊の辞書をつくるのです。気の遠くなるような仕事です。ところが馬締にとっては水を得た魚のごとくふるまえる場だったのです。ひとつのことに時間をかけて没頭できるのですから、願ったりかなったりです。

馬締は大家の孫である林香久矢（宮﨑あおい）に一目惚れし、ラブレターを出すのですが、これがまた草書体で書かれた長文の巻紙です。

香久矢は、「なんのつもり」「これ私が読めると思って書いたの？」「普通読めないよね」と詰問します。香久矢は、店の大将に読んでもらったと告げ、「こういうのは自分だけで読みたいもんじゃない」と訴えます。そして、「（馬締の）口から聞きたい、今」と言葉をつなげます。

その後の会話は、以下のとおり。

馬締「今って、今ですか」
香久矢「今は、今でしょ。辞書で調べたら」
馬締「はい」（本当に調べようと立ち上がろうとする）
香久矢「本当に調べなくてもいいの」

　馬締は、言葉を文字通り受けとっているのであり、これは自閉症圏の人にしばしばみられる傾向と重なります。

＊

　さて、本作の特徴を一言で表現するなら「温もり」です。同僚たちは、辞書の恋愛関係の項目を馬締に担当させます。まさに粋な計らいです。同僚性に恵まれるなら自閉症スペクトラム系の人たちは人並み外れた力を発揮するのです。
　以下は馬締による「恋」の語釈。
「恋・ある人を好きになってしまい、寝ても覚めてもその人が頭から離れず、他のことが手につかなくなり、身悶えしたくなるような心の状態」
「成就すれば、天にものぼる気持ちになる」
　辞書づくりをとおして人の気持ちがつかめるようになっていくのですから、馬締にとってのこの仕事は、自身の発達に結びついた人間的労働といえるでしょう。

▎第8節　「脳男」の鈴木一郎

　「脳男」（監督／瀧本智行：2013）の主人公鈴木一郎＝脳男（生田斗真）は、自閉症スペクトラムに属しており、見たものを瞬時に記憶する超人的な能力はサヴァン症候群といってよいでしょう。事実、同名の原作では、自閉症圏の人物としてあつかわれており、サヴァン症候群の可能性が示唆されています。
　自閉症スペクトラムの人物ゆえ感覚過敏だと思いきや、脳男の場合は過敏とは正反対の無痛症です。襲ってきた自動車に跳ねられても痛みを感じませ

ん。骨折して身体が変形しても、なお敵に立ち向かいます。たぐいまれな身体能力を有していますが、感情を表出することはありません。そもそも感情があるのかどうか、さだかではありません。さながら無機質な戦闘用ロボットです。そういえば、先に取り上げた「LUCY／ルーシー」の主人公であるルーシーも無痛になったと訴えています。

　脳男の思考パターンは、自閉症スペクトラムの人たちがしばしば見せる特徴と重なります。すなわち、物事を善か悪か、白か黒かという二分法的思考によって判断するのです。たとえば、警察の留置場において隣の房から「婆さん1人くらい殺してもたいしたことはない」といったような話し声が聞こえてくると、翌朝、話の主を容赦なく痛めつけます。口から出まかせの与太話かもしれないのに、言葉を文字どおり受けとめ、ただちに正義の鉄槌を下すのです。

　脳男の主敵は連続爆弾魔の緑川（二階堂ふみ）です。緑川もまた高い能力を有しており、警察に捕まるようなヘマはしません。唯一対抗できる脳男ですが、せっかく緑川を追いつめたのに、折悪しく踏み込んできた警察にじゃまされ、取り逃がします。それどころか、犯人一味にまちがわれて逮捕されるのです。本作は、脳男に任せておけば解決するのに、警察がしゃしゃり出てくることによって事態はますます悪化する、という物語でもあります。

　脳男の身柄が警察に渡ったことで、精神科医鷲尾真梨子（松雪泰子）の出番となります。脳男の精神鑑定を任された真梨子は、症例としての脳男にのめりこみます。真梨子が柱にしている治療路線はナラティブ（物語ること）です。

　鑑定室における接見では、「私とセックスしたい？」など性にまつわる質問を浴びせます。その意図は、平板な答えしか返さない脳男の感情をゆさぶるところにあります。しかし、脳男は感情的な反応を示しません。ドキッとする言葉として意味化されていないからです。感情が欠落している可能性も排除できません。

ラストは脳男と緑川の対決です。そこに緑川に捕らわれた真梨子が絡み、脳男の感情表出の可能性も小ドラマとなります。感情表出障害を抱えながら人知れず悪と闘うハンディキャップ・ファイターものとして、その名を刻むことになりました。

※1　原作は首藤瓜於の同名小説

◼第9節　「星の国から孫ふたり〜自閉症児の贈り物」の自閉症兄妹

　筆者は35年間にわたり小学校、中学校の特別支援学級担任として教育実践に勤しんできましたが、ホームグラウンドはどこかと問われれば、カナータイプ自閉症の小学校低学年期の教育と答えることになります。現住所はアスペルガー症候群などの発達障害や不安障害などの精神的な困難を抱える青年・学生の支援ですが、本籍は、表出言語未獲得あるいは反響言語（エコラリア）、物や位置などへの強いこだわり、多動などの不適応行動を主訴とする重度の自閉症児の教育です。

　したがって、「星の国から孫ふたり〜自閉症児の贈り物」（監督／槙坪夛鶴子：2009）に正対したときは、ここに戻って仕事をしたい、自分ならこんなアプローチをするのに、という思いにかられました。

*

　本作には、新旧2つのトレンドが反映されています。

　ひとつは、義母の認識です。孫が自閉症と聞いて、自分の家系に思い当たる者はいないし、外孫は3人とも正常。ゆえに嫁側の家系に変な人がいるのではないか、と宣うのです。障害児が生まれたのは嫁のせいだとする、古典的とも言える姑の嫁いびりとなります。今世紀にいたってなお観測できる旧いトレンドです。

　もうひとつは、学校・学級選択についての保護者の認識です。教育委員会

側は一定のアセスメントをしたうえで、通常学級への入級を勧めますが、両親は特別支援学級への入級を要求します。これこそ特殊教育から特別支援教育へ移行した2007年周辺以降のトレンドです。

　以前であれば、ひとまず通常学級で可能性を追求するとか、おおぜいの子どもたちから刺激を受けたいという立場から教委見解に異を唱える事例が多かったはずです。

　周知のとおり、特別支援学級、とりわけ自閉症・情緒障害特別支援学級は増加の一途です。特別支援学級入級への抵抗感が薄まってきています。保護者の目が肥えてきたのです。換言すれば、価値基準を変化させてきたのです。すなわち、わが子のニーズに合った教育を望み、わが子を過剰な刺激や不適切な働きかけによって潰してはならないと考えるようになったのです。

　本作のように、兄妹ともに自閉症という設定は、きょうだいともに発達障害という家庭がめだつ昨今、説得力があります。家族総出で地域に働きかける姿も頼もしいかぎりです。

　自閉症教育、障害児教育、特別支援教育はインクルーシブな地域づくり、すなわち、排除ではなくて包摂的（共生的）な地域づくり、社会づくりを射程にすべきであり、このことを確認できるという点でも意義深い作品です。

※1　本作は主に自主上映の形態で公開されているようです。筆者は学会での
　　　上映会の際、その場でＤＶＤを購入しました。

コラム10 インクルーシブな社会づくりのテキスト「あぜみちジャンピンッ！」

「あぜみちジャンピンッ！」（監督／西川文恵：2011）は、新潟県魚沼地方で暮らす1人の聾(ろう)学校中学部女子生徒が、ストリートダンスチームと出会い、ダンス大会に向けて仲間と共にぶつかり合いながらも成長していく物語である。このように概括すると、ベタな（新鮮味のかけらもない型どおりの）青春ドラマに見えるが、さすが国際的な児童映画祭の受賞作だけのことはあり、シリアスで骨太なテーマを内包させている。[※1]

＊

ひとつは「対等・平等」と「同情・憐れみ」の差異に迫ろうとしていることだ。聴覚障害のある優紀（大場はるか）はダンスチームへの中途加入者であるにも関わらず、その能力の高さから、ケガで降板した麗奈（普天間みさき）の代わりにセンターを任される。そのことを苦々しく思っていた古参の美希（梅本静香）は、優紀につらく当たり、いじめを主導することになる。優紀から奪いとった日記をチームメンバー全員で順次読み上げるシーンがいじめの頂点なのだが、この日記の文面が前掲テーマと切り結ぶことになる。

要約すると、「美希ちゃんは、めちゃこわい。でも、障害をもっているからって優しくアタシに接するんじゃなくて、ズバズバ言ってくれることがすごくうれしい。それって差別していないってことだもん…」ということになる。優紀の解釈は、同情や憐れみから出発する関係なら、いじめを受けない。対等・平等だからこそいじめを受ける、というものだ。

もうひとつは、きょうだいの「内なる差別意識」を描いていることだ。

手話で優紀と意思疎通ができる麗奈であるが、妹が聾学校小学部に通っていることをメンバーには知らせていない。足のケガも妹をかばってのことであったが、ハイヒールをはいて転んでしまった、というようなウソをつく。妹のことは大好きだが、その存在を知られたくない。そこには障害に対する

否定感情がある。麗奈は優紀に次のようなメールを出す。

「…はっきり言って面倒くさい。障害があるからって、妹も優紀もすぐ私に助けてもらおうとする。二度と頼らないでください」

このような心情の吐露は人格形成において必要なステップだ。外に向かって言語化された感情は、自分から離れ、やがて批判すべき対象となるからだ。

全編をストリートダンスで覆う本作は、エンターテイメント性に優れ、これからのインクルーシブな社会づくりを担う子どもと大人にとって、楽しく学べるテキストでもある。

『総合リハビリテーション』2011年11月号

※1　シカゴ国際児童映画祭長編実写部門準グランプリ受賞

◼第10節　「くちびるに歌を」の自閉症青年アキオ

　「くちびるに歌を」（監督／三木孝浩）は、長崎県五島列島の中学校合唱部の話です。前宣伝から予想される物語は、都会から流れてきたちょっとワケアリな教師（新垣結衣）と島の生徒が、一定の困難を乗り越えて願いを成就するというものです。そうだとすれば、そこに目新しさはありません。本作の良さは、そのようなベタな（ありきたりな）予想を裏切ってくれるところにあります。

　初めは周縁部にいた自閉症青年のアキオが、ラストにいたって中心部に大きくせりだし、全体を救う役割を果たすという構成は大向こうを唸らせてくれるでしょう。合唱コンクールまでの長大なドラマの後、コンクール終了後の玄関ロビーにおいて、アキオが絡む、短くもインパクトのあるドラマが生まれるのです。

＊

　アキオは合唱部員サトルの兄です。アキオの言語パターンでめだつのは反響言語（エコラリア）です。本稿では「反響言語」と「エコラリア」を併用します。

　反響言語には、即時性反響言語と遅延性反響言語があります。
　即時性反響言語は、相手の言ったことをその場でそのまま言うことです。
　以下は、本作シナリオからの抜き書きです。
　サトル「（略）合唱って、わかる？　みんなで歌うとぞ」
　アキオ「みんなで、歌う」
　サトル「教会の聖歌隊みたいやったとよ」
　アキオ「みたいやったと」
　遅延性反響言語は、過去に聴いた言葉、キャッチした言葉を後で言うことです。
　以下は本篇からの採録ですので正確さを欠きますが、水産加工場の勤務終了時には、自ら「アキオ君、お疲れさまでした」と発し、自宅で風呂に入

ときは、「8時になったらお風呂に入るんだよー」と言いながら風呂場に向かいます。

　筆者は、アキオの上記遅延性反響言語には、上司や親の言葉の機械的再現という側面を有しつつも、自身の行動をコントロールする機能や「ねがい・要求・気持ち」といったものが含まれていると考えます。

　筆者が新卒教員として情緒障害学級を担当した1970年代半ばのことです。自閉症児教育の推進に力を入れていたある心理学者が、講演後の筆者とのやりとりで「エコラリアに意味はない」との見解を披歴されました。要は、エコラリアは無意味な言語であり、そこに価値はないというものでした。当時、表出言語のほとんどがエコラリアという児童を担当していた筆者としては納得のいかないものでした。というのも、現象としてはエコラリアなのですが、その児童なりに、筆者の期待に応えるべく言葉を返していたと実感していたからです。しかし、それはアイコンタクトなど、筆者の身体感覚で捉えたものであり、主観的な判断の域を出ません。納得はできませんでしたが、これはといった反証もできないまま今日にいたっていました。実のところ、受け手である筆者が、当該児童の反響言語を意味化（無意味と判断せず）し、応答関係をつくっていたという点が重要だったのです。

＊

　話を戻します。筆者は本作によって、過去の議論とは別の角度、別の文脈から再びエコラリアと出会うことになったのです。

　アキオの日々の遊びは、おつまみのピーナツやドロップを自分なりの秩序で並べることです。帽子が風で飛ばされると身体が固まります。いつもどおりにことが進まないとパニックを起こすこともあります。いわゆるカナータイプの自閉症です。

　サトルは、兄のおかげで両親から生を受けたと考えています。サトルによれば、両親は兄の世話をするきょうだいが必要だと考えたのです。兄がいなければ自分は産まれてこなかったとして、兄に感謝の念さえ抱いています。

生きる意味について悩む必要がない存在として自己規定するほどですが、翻って、15歳にして人生を諦めているかのようです。

　合唱部の部長を務めるナズナは祖父母と暮らしています。母を早くに亡くし、父は他の女性と逃げたままです。たまに姿を見せても金を掠(かす)めるだけです。したがってナズナは、以下のような思考に拘泥(こうでい)しています。すなわち、母は私を宿したばかりにあんな男と一緒になってしまったのだから、私なんか生まれてこなかったほうがよかった、と。愛着上の問題を抱えるナズナは、自身の存在を肯定できません。
　ナズナは、そんなダメ親父でも、せめて合唱コンクール後の玄関ロビーでは出迎えてほしいと願います。部長としてここまでがんばってきたのに、家族の出迎えがないのは自分だけというなら、こんな悲しいことはありません。ナズナは父の姿を探しますが、やはりというべきか見当たりません。1人さびしく、ロビーに設置されたピアノの前に立ち、「ド」の音を弾きます。
　ここでアキオの遅延性反響言語が重要な役割を果たします。ここから先は、さすがにネタバレになりますので紹介しませんが、先に述べたように全体を救うことになります。
　本作には、行動上の問題を有するために常に介助者が必要な自閉症青年が救済者の役割を果たすという「逆説」が組み込まれています。その際、筆者の私的体験において、一部の専門家から無意味なものとして評されていた反響言語に、状況や心のあり方を変える社会的意味、文学的意味を与えるのです。
　本作の着地点は、ナズナの亡き母の次のセリフです。
　「あんたもよ。あんたもおって良かった。みんなおってくれて良かったとよ」

■第 11 節　「ＤＸ（ディスレクシア）な日々〜美んちゃんの場合」
― 「誰もが生きやすい社会」をつくる思想と行動

　学習障害のひとつのタイプである「ディスレクシア」の由来は、ギリシャ語の「dys」（できない）と「lexia」（読む）であり、その意とするところは、読み書き障害、あるいは、読み書きの顕著な困難ということになります。

　美んちゃんこと砂長宏子さんを被写体とするドキュメンタリー「**DX（ディスレクシア）な日々〜美んちゃんの場合**」（監督／谷光章：2012）は、ディスレクシア女性の抱える困難と職業的自立のプロセスを描いたものです。

　開巻一番、「また仕事がなくなった、何度目の失業だろう」という切ないナレーションです。なぜ失業を繰り返すのか。原因はミスの多さです。書類がからむ仕事だと、行や数字の並び順をまちがえたりするのです。

　いつも逆境にいる美んちゃんですが、笑顔を絶やしません。料理とヘアメイクが得意で、友だちも大勢います。ヘアメイク作品は海外誌の表紙を飾るほどのレベルですが、美容師試験はいつも不合格です。

　2010 年に障がい者による起業を支援するコンテストに応募し、準グランプリを受賞します。これをきっかけに 2011 年 2 月、代々木駅近くに 2 坪の総菜屋「ユーロデリ」をオープンしました。

　以下、本作の優れた点をまとめてみました。

①専門家によるディスレクシアの説明がわかりやすく、障害理解の一助となります。
②発達障害による困難は、親も簡単に理解できないという事実が描かれています。
③友人や自助グループ、総じて「仲間」の果たす役割が描かれています。
④生き方のヒントが示されています。それは、自分にとって楽しいこと、得意なことを活かすことであり、うまくいった経験を活かすことです。

　観客に課せられた課題は美んちゃんの視線の先にあるビジョンを共有すること。ずばり「排除しない社会」「誰もが生きやすい社会」を創ることです。

第3章　愛着上の問題を抱える子ども・青年・大人

◾第1節　「隣る人」──児童養護施設における自身の私的生活時間を重ねる思想実践

　「隣る人」(監督／刀川和也：2012)は、チラシの文言をそのまま用いるなら、「親と暮らせない子どもたちと、隣り合う保育士たち。そして、子どもとふたたび暮らすことを願う親。ある児童養護施設の日常を追う8年間のドキュメンタリー」です。

　本作には、ナレーションや字幕による説明がありません。観客は、被写体になっている大人や子どもたちから発せられる言葉や表情、行動から事態を読みとり、解釈し、そのうえで自分流の物語を構築することになります。

　そこは「光の子どもの家」という名の小規模の施設です。保育士が何人かの子どもを受けもって寝食をともにし、しかも「タケハナ家」「サトウ家」と呼び合っているところをみると、施設という場でありながら、里親型のグループホーム、いわゆる小規模住居型児童養育事業（ファミリーホーム）に近いのではないかと思われます。ちなみにこの事業は、2009年度に創設された制度であり、養育者の住居で児童5〜6人の養育を行うものです。

　被写体の中心は、10歳の誕生日を迎えるムツミと保育士のマリコ、ムツミの実母です。実母の代わりにおばあちゃんがムツミを育てていたのですが、「あれさえなければねぇ」と言って手放すことになります。「あれ」とは具体的に何のことかわかりません。おそらく、おばあちゃんでは制御できない行動や言動があったのだと思われます。

実母も施設を訪れますが、ムツミは微妙に距離をとります。一時帰宅に際しても泊まるとは言いません。観客は、過去、この母子の間に何があったのだろうか…と想像することになります。実母が施設からの帰宅途中パニックを起こして注射を何本か打ってもらったということや、ムツミが実家から施設に戻る車でヤケドの跡を見せたりするエピソードから推察することになります。

＊

　ここで注目すべきは、ムツミに隣る人として寄り添うマリコは、「二十四の瞳」（監督／木下惠介：1954）の大石先生そのものだということです。高峰秀子演じる大石は、日本教育実践映画史のトップに君臨する教師です。[1]
　大石が教え子の話を聴きながらひたすら涙を流したように、マリコもまたムツミのために涙を流し、どんなむっちゃんでも大好きだし、ずっと一緒にいたい、と包容性に満ちた言葉を贈ります。これに対して小さく頷くムツミ。
　虐待、疾病や障害、家庭崩壊、災害などによって適切な養育環境が得られない子どもたちにとって必要なことは、人から愛されているという実感、あるいは包みこまれているという安心感です。加えて、良好な記憶、快い記憶を創ることが実践的な課題となります。
　心の傷（トラウマ）に苛まれる子どもたちの存在。このことが時代の課題になっているからこそ本作が生まれたのであり、「隣る人」実践の静かなる伝染が求められています。

※1　その根拠を『オールタイム・ベスト 映画遺産200 日本映画篇』（キネマ旬報社、2009）に求めることができます。本作は、堂々第6位と高位にランクインされているのですが、他の199本に教師を主人公とした作品はありません。「高峰・大石」が映画史における教師モデルの最高峰たるゆえんです。

第2節 「思い出のマーニー」「ホットロード」
―心の居場所を求めてさまよう子どもたち

　三田誠広の『実存と構造』によれば、神話には、息子が父と知らずに父を殺したり、母と知らずに娶（めと）ったりというような悲劇が反復されているところに構造的特徴があるとされています。すなわち、親子の確執、愛着上の問題から派生する不幸は、神話の時代から何世代にもわたって続いているものであり、よくある話なのだ、と。翻って、神話には「悩んでいるのはあなた1人ではない」というメッセージ機能があるのです。

　モスクワ映画祭グランプリ受賞作品 **「私の男」**（監督／熊切和嘉（くまきりかずよし）：2014）も、父娘の禁断の愛を描き、神話的構造そのものです。筆者は熊切監督のマスコミインタビューの場に居合わせましたが、監督は、この父娘のように周囲から祝福されることのない人びとを描きたくなると語っていました。

　娘は、奥尻島を襲った津波で両親を失っていますが、昨今、親が不在、あるいは愛着関係不全状態の子どもを主人公とする作品がめだちます。これこそ現代社会の深層風景なのであり、思考すべきテーマです。

*

　スタジオジブリ作品 **「思い出のマーニー」**（監督／米林宏昌：2014）も愛着不全によって自分の存在に確信をもてない少女・杏奈の物語です。

　両親亡き後、杏奈は善良な養母に育てられていますが、そこには国・自治体からの給付金が介在しており、無償の愛ではありません。

　杏奈が描く自己像は、だれからも愛されておらず、不機嫌で不愉快な人間です。ついには「私は私が嫌い」と発して泣き崩れます。ここで心の居場所としてのマーニーが登場します。

　「ホットロード」（監督／三木孝浩：2014）はアイドル映画の系譜に属します。中学2年生の和希（能年玲奈）は母に対して、「私は生まれてきてよかったのか？」と問います。

母にとっての自分は嫌いな夫との間にできた子どもです。母は高校時代から好きだった男に今でも夢中で、そのことを隠そうともしません。ときおり甦る記憶は、誰もいない居間で1人うずくまっている小学生時代の自分です。

　和希は、母の自己中心的な言葉に晒されています。紛れもなく心理的虐待です。求めても得られることのない母の愛。万引さえも無効でした。

　おりしも暴走族が健在だった1980年代。和希にとって暴走族は生と愛を確認できる心の居場所でした。

　マーニーや暴走族に代わる心の居場所をどう創るか。

　それが現代の課題だといえます。

※1　『実存と構造』三田誠広著、集英社新書、2011

▎第3節　「恋の罪」──母親から承認されない娘のとった行動とは

　「恋の罪」（監督／園子温：2011）は、1997年に起きた東電OL殺人事件に材をとったものです。もちろん、殺される女性の設定は変えており、日本文学を専攻する東都大学助教授となっています。この事件の謎は、なぜ一流大学出身のエリート女性が金銭に困っているわけでもないのに、渋谷のラブホテル街で売春を繰り返していたのかという点にあります。本作の真骨頂は、昼夜別の顔を見せる心の正体を探るために3人の女を動かしたところにあります。

　殺害された現場には、大書きされた『城』の文字が残されていました。これは、現代実存主義文学の先駆者と称されているフランツ・カフカ（1883-1924）の作品タイトルです。劇中、城のまわりをぐるぐる歩いても城の入り口には一生辿り着けない話として語られていますが、これは大学助教授の尾沢美津子（冨樫真）、人気作家の妻である菊池いずみ（神楽坂恵）、夫も子どももいる女刑事吉田和子（水野美紀）の内面世界を象徴するものです。

　とりわけ、尾沢美津子は母親との間で愛着上の問題を抱えています。東都

大学教授だった父親は10年前に亡くなっていますが、通常の父娘以上の濃密な関係だったことが、残された絵画などから想像できます。

　母親は、父親を下品な男と断じ、美津子のできの悪さも父親の血のせいだと言い放ちます。美津子が母親から承認される可能性はほぼゼロです。

　美津子は何のために売春をしているのでしょうか。男から受け取る金は5000円程度です。美津子にとってのセックスの意味は、マイナス感情の埋め合わせであり、承認欲求の「充足」です。もがき、あるいは自傷行為と言ってもよいかもしれません。

　そうした感情は多かれ少なかれ誰にでもあります。濃淡の差こそあれ、スペクトラム（連続体）として存在しています。それを体現したのが、いずみと和子です。表層的な把握ですが、夫にたどりつけなかったいずみは堕ちましたが、不和のない家庭をもつ和子は留まりました。心に空洞を抱えていても、近親者からの承認の程度がその後の生き方に反映したということでしょう。

　R18という枠組みを活かした3女優の演技も、実存的行為として近年比類なき高みに到達しており、その覚醒力たるや抜群です。

第4章 「障害者の性」や性的マイノリティを俎上に載せる

　映画が障害者の性の問題に着目した始発点は1966年にあります。この年、2本の映画が公開されました。**「"エロ事師たち"より 人類学入門」**（監督／今村昌平）と**「赤い天使」**（監督／増村保造）です。

　もとより映画は時代を映す鏡ですが、より分け入るなら、新しいものが生まれるときは常に古いものの方が強い、という時代状況における「新しいもの」を呈示する文化装置なのであり、「新しいもの」とまではいかなくても時代の転換期における逡巡を図らずも呈示する文化装置です。言うまでもありませんが、「逡巡」とは「ためらい」です。

▣第1節 「"エロ事師たち"より 人類学入門」
―知的障害少女がもたらした新時代の感受性

　知的障害者の性が銀幕に登場した始発点は、**今村昌平作品「"エロ事師たち"より 人類学入門」**（1966年）です。2012年12月10日に他界した小沢昭一（享年83）が毎日映画コンクールの主演男優賞を射止めた作品としても記憶されています。[※1]

　小沢昭一演じるスブやんこと緒方義元は、僧侶の息子であり、外回りのサラリーマンです。すなわち、セールスマンまたは営業マンということになります。スブやんは、仕事上のなりゆきで性嗜好についての多様な注文を受けます。本業よりも性にまつわる副業の方が向いていたスブやんは、エロ事師（ごとし）として名を高め、その収入で義理の家族を養うことになります。

筆者は少年期に、近所のお兄ちゃんからエロ写真を見せられたことがあります。学生服を纏(まと)ってはいるものの、明らかにニセ学生だとわかるオジサンが、衣装だけは深窓の令嬢風のオバサンの股間にペニスを挿入しようとしているショットです。この手の写真は中学校や高校でも回し見されていました。1960年代のことです。

　その当時、性教育らしきものはなかったので、たまに回ってくるエロ写真が筆者らにとっての性入門の生きたテキストだったのです。ただし、写真のペニスは我が身のものと比して驚くほど長く、これが普通だとするなら自分は普通ではないという不安を覚えたことも確かです。成熟した大人であれば、こんなものは虚仮威(こけおど)しであるとして一笑に付すこともできますが、少年期においてはそうはいきません。それにしても見てはいけないものを見てしまったという罪悪感や、みんなで罪を共有したという共同体的な感覚、換言すれば仲間の一員として認められたという充足感など、さまざまな感情が交錯し、心境としては複雑でした。

　本作は、筆者が少年期に見たようなエロ写真と、さすがに子どもの目には届かなかったブルーフィルムの制作現場から起動します。スブやんにとってのエロ写真は、主力商品につけるオマケ、あるいは名刺代わりのようなものです。当時、子どもたちの世界ではグリコキャラメルなどオマケ付きの商品が一世(いっせい)を風靡(ふうび)していましたが、なるほど大人の世界も同じだったのです。たとえば、どこかのオヤジさんや会社の宴会担当者がブルーフィルムと呼ばれる性交場面に焦点をあてた動画を購入したときにつけるオマケなのです。

　ブルーフィルムこそ、スブやんの主力商品です。その撮影現場に被写体らしき頭の禿げた中年男（殿山泰治）と娘がやってきます。娘はセーラー服を着せられ、中年男演じる白衣の医者に犯されるという役どころです。しかし、娘に、座る、振り向くなど、動作についての簡単な言語指示を出しても何一つ通りません。中年男によれば、この娘は「アホウ」だそうです。言語理解や発語の状況からすれば重度の知的障害者です。

演出家のごとく現場を仕切るスブやんは、動作指示の必要のない設定に変えます。茶の間で娘がうたた寝しているときに強盗が押し入り、その強盗に犯されるという設定にするのです。これだと寝ているだけでよいのです。
　ところが、娘は盗人姿の中年男を見てパニック状態になり、演技どころではありません。中年男は、お父さんだからだいじょうぶだよ、と優しくなだめます。スブやんほか撮影スタッフは、この２人が実の父娘だったことに驚きます。
　児童虐待、性的虐待、障害者虐待という言葉が一般化していない時代のことですが、反社会的な商品を製造・販売する彼らにしても釈然としないものを感じます。冒頭に掲げた言葉を援用するなら、逡巡、すなわち、ためらいが生じたのです。
　スブやんは、「わいの商売は、いわば人助けの社会事業なんや」というエロ事師なりの矜持（ほこり）（誇り）をもっています。矜持が逡巡の土台になっていたはずです。ここでは、名匠、名優らが、シーンの構成において知的障害の娘を犯すことなく踏みとどまります。ためらいがあったからこそ踏みとどまったと解釈できます。
　このシーンは、スブやんの内面変化のターニングポイントになっています。その傍証として、本作ビデオパッケージに付されている「８ミリ・エロ映画の撮影現場では実の父娘の相姦を見るなど、スブやんの心は千々に乱れていく…」との解説文を挙げることができます。本作制作側も、スブやんの内面変化を誘ったものとして、ヤクザとの関係や内縁の妻の病気に加え、このエピソードが重要であったことを認めているのです。
　ここでのためらいは、来るべき時代の感受性であり、その後の倫理観や制度整備へ結実することとなります。その意味で、このシーンには歴史的な意義があります。本作は、知的階層を中心に圧倒的な支持を得ていたのです。社会的な影響力の程度で、他の作品と同列には論じられません。
　感受性も時代の影響を受け、歴史的に変化していくものだとするならば、

本作は、知的障害者あるいは知的障害少女に対する感受性が底上げされていくという時代状況を映し出したものといえます。それは、新しい時代への予感です。

　その後のスブやんのとった行動は、きわめて近未来的なものでした。すなわち、生身の人間ではなくて、ダッチワイフ制作へと移行し、その世界にのめりこんでいくのです。ダッチワイフとは、等身大の女性の形をした人形のことであり、性を楽しむための道具、性具です。スブやんは小船に籠もり、精巧な人形づくりに勤しみます。その様相、風貌は、芸術家をほうふつさせ、発注者が「先生」と呼ぶほどです。

　生身の人間ではなくて、アニメやコミックなどの二次元キャラ、フィギュアなどに夢中になる人びとが、萌え・オタク・アキバ系などの呼称を身にまとい、巨大市場として顕在化してきたのは2000年代に入ってからですが、スブやんは40年後までを射程とした性嗜好と、そこから派生する文化を先どりしていたといえます。

　ここで強調すべきは、知的障害の娘をブルーフィルムの被写体にしたことが、スブやんにとっては、エロ事師から転じて「芸術家」へ移行する促進要因になったということです。知的障害の娘を目の当たりにして、スブやんはためらい、ゆらいだのです。やがて生身の人間から手を引き、人形の世界に没入します。スブやんの変化は、知的障害の娘との出会いから始まったものであり、したがって、本作のキーパーソンは知的障害者であり、それは新しい時代を創るキーパーソンだったのです。

　歴史は、1本の映画の1シーンという細部に宿ります。それは、作家の意図さえ越えて露出し、せり上がってくるものなのです。

※1　付言するなら、相手役の坂本スミ子は同賞助演女優賞を獲得し、キネマ旬報ベストテンにおける作品評価では、第1位の山本薩夫作品『白い巨塔』に次ぐ第2位でした。

コラム 11

　以下は、2013年7月に発行された**「39窃盗団」**札幌上映会宣伝チラシに掲載された拙稿です。

犯罪に手を染める知的障害者・発達障害者が照射する現代の課題

　「39窃盗団」（監督／押田興将(おしだこうすけ)）は自主上映界の話題作である。押田は重喜劇の巨匠である今村昌平の門下生であり、本作も笑いをとりつつ社会批評性において優れている。ジャンル分けするなら「社会派コメディ」である。主役を張ったダウン症者である兄キヨタカ（押田清剛）と発達障害者という設定で弟を演じたヒロシ（押田大）は、押田監督の実のきょうだいである。

　ヒロシは振り込め詐欺の元締めであるケンジ（斎藤歩）に操られている、昨今話題の「累犯障害者」だ。ヒロシにとってのケンジは、暴力を振るわないという意味で警察よりも優しい人であり、役所に出す書類も作成してくれる親切な人だ。もちろんヒロシはケンジにだまされているのだが、ヒロシは気づけない。キヨタカとヒロシは、養育者である祖母が亡くなったので、特殊学級時代のクラスメイトである和代（山田キヌヲ）のアパートに転がりこむ。花屋になることを夢見る和代だが、継父に売春を強いられるなど性的虐待を受けている。ヒロシは、ケンジから、お前の兄貴は盗みをしても刑法39条によって刑務所に入らなくてもすむ、とそそのかされる。タイトルにある「39（サンキュー）」とは、心身喪失者の行為は罰しない、心身耗弱(しんしんこうじゃく)者の行為はその刑を減軽する、という刑法39条のことだ。かくして、キヨタカ、ヒロシ、和代の泥棒行脚(あんぎゃ)が始まる。

　以下は、本作が提起している問題である。

①養育者亡き後の知的障害者・発達障害者：保護者・養育者亡き後の問題
②小悪人に利用され、犯罪を重ねる発達障害者：累犯障害者の問題
③虐待を受け性風俗で働かせられる知的障害者：障害者に対する虐待の問題
④ホームレスになる知的障害者・発達障害者：ホームレス障害者の問題
⑤おとなしいダウン症者さえ「怖い人」と捉える地域住民：障害理解の問題

　行政の長でもある某政党代表が、米軍に風俗の活用を進言して国際問題にまで発展したが、少なくともそこに和代のような女性がいることを想像できないのだろうか。社会問題の解決に当たるべき人間が言うべきことではない。そのこと1つとっても、本作は社会批評的である。

　押田は、パンフで「彼らは、社会の中に溶け込めず、ホームレスとして路上での生活を余儀なくされたり、犯罪を繰り返して刑務所というツールで生き延びているケースも少なくない」と述べているが、まさに劇中のヒロシそのものである。

　新受刑者の4人に1人が知的障害の可能性を有する人だとされる今日、本作が全国各地で上映されることの意義は大きい。

※1　本作は、今村重喜劇の流れをくむが、そのルーツをたどれば、小樽育ちの今村の母親に行き着く。以下は新藤兼人との対談における今村の発言である。

　　「僕のこと叱ったりしながら菜っ葉切って、手がバッと切れたりするんです。そうすると血染めのおしんこなんて（笑）、このまま食うのかいというと、食っちまえというので我慢して食ったりした。いやだと思いましたがね」

　　（『講座日本映画8　日本映画の展望』岩波書店、1988、pp.134-135）
　　血染めのおしんここそ、ブラックな笑いを配置しながら、たくましく生きぬく人間を描いてきた今村の原風景である。そのDNAは、いま「39窃盗団」に受け継がれている。

コラム 12 「くちづけ」—親亡き後の知的障害者という問題に迫る

　以下は、2013年9月23日に発行された**「39窃盗団」**札幌上映会当日配布パンフレットに掲載された拙稿から「くちづけ」の部分を抜粋したものです。パンフレットに掲載された拙稿の前段はコラム11に記した内容であり、コラム11とコラム12は連続しています。

　養育者亡き後の知的障害者・発達障害者の問題で想起されるのが、本年上半期の秀作**「くちづけ」**（監督／堤幸彦：2013）です。宅間孝行が、自身の劇団「東京セレソンデラックス」のために書き下ろした戯曲を映画化したものです。内容を少しだけ紹介します。
　「長万部くん」などのヒット作のある漫画家愛情いっぽん（竹中直人）は、知的障害のある娘マコ（貫地谷しほり）を男手ひとつで育てています。そのため、この30年間漫画家を休業しています。マコは施設に入ってもすぐ逃げ出しますので、いっぽんはマコが生活するグループホームひまわり荘に住みこみで働くことになります。いっぽんがそばにいるならマコは逃げ出しません。マコはトラウマを抱えており、ときおりパニックに襲われることもありますが、ひまわり荘の仲間たちや職員によって癒され、和らいでいきます。とりわけ、うーやん（宅間孝行）には奇跡の王子様のごとく心を開きます。うーやんもまたマコとの結婚を夢想します。
　ところが、こんなささやかな幸福も長くは続きません。いっぽんに病気が見つかり、余命幾ばくもないことがわかります。そんな折も折、ホームレス障害者や累犯障害者の話を聞きつけたいっぽんは、これこそ自分が死んだ後のマコの姿ではないかと不安に苛まれます。いっぽんの不安は絵空事ではありません。事実われらが**「39窃盗団」**が、養育者の死をきっかけに、犯罪に手を染め、ホームレス化する知的障害・発達障害者を描いているのですか

ら。いっぽんの不安は、「親なき後の障害者」という普遍的な問題に由来しています。社会はいまだこのことに十分な答を用意していません。それゆえ「くちづけ」や「39窃盗団」がリアリティをもつのです。

　⑤の地域住民の理解についても、はるか（橋本愛）の同級生南（尾畑美依奈）が、差別的言辞をふりまく異端者としてひとり存在感を発揮し、ひまわり荘から一歩外に出たなら南のような感じ方こそ「普通」であり、多数派なのだと提起しているかのようです。共生社会への道は端緒についたばかりということでしょう。

　さて、両作を観た方なら根本的な差異にお気づきでしょう。両作とも保護者・養育者亡き後の障害者の問題を描いていますが、結末が正反対なのです。ただし、両作とも、自分ひとりで抱えこまず、仲間と共に一歩を踏み出すことが必要であるということや、どんなに障害が重くても安心して託せる居場所や地域をつくることが私たちの課題であることを気づかせてくれます。

年金不正受給事件に材をとった「日本の悲劇」
—精神疾患によって無職になっている人の「親亡き後」問題

　筆者が若いころ、すなわち1960年代後半の一時期であるが、「人民内部の争い」という言葉をしばしば耳にした。生活困窮等の原因は支配者がつくりだしているのに、メディアなどで巧妙に操作されている人民大衆は、そうとは知らず、恨み辛み、怒りを支配者にではなくて人民に向けるというロジックである。当時このような「支配者の罠」を打破するにあたって、プロテストソングとしての社会派フォークが大きな力を発揮した。若者文化が支配者側を震撼せしめた唯一の時代であった。

　さて、年金受給者死亡後も親族が死亡届けを出さず、引き続き年金を受給する年金不正受給事件が後を絶たない。現象としては税金のだましどりであり、許されるものではない。ネット上でも糾弾の声が渦巻いている。しかし、この問題にしても、事象の外的側面が現象であり、内的側面が本質だとする観点から考察するなら、本質は貧困であり、生計を立てることができないという不安である。

　このような本質論を措定して問題に切り込んだのが**「日本の悲劇」**（監督／小林政広：2013）である。時期設定が2011年10月というのは、3.11以降であることに意味があるからだ。登場人物は、父・不二男（仲代達也）、息子・義男（北村一輝）、不二男の妻・良子（大森暁美）、義男の妻・とも子（寺島しのぶ）の4人。他界した良子と離婚したとも子の登場は過去の場面のみであり、ドラマの中核は不二男と義男の対立・葛藤である

　肺ガンの手術を受けた不二男は余命3ヵ月と宣告されている。義男は失職後にうつを患い、家族に連絡することなく入院。退院後も無職である。現在は不二男の年金を頼りに暮らしている。不二男は自室を密閉し、ミイラになると宣言する。義男に対して、就職が決まるまで父親がどうなっていようと年金をもらい続けろと諭すのである。死にゆく父親から息子への精いっぱい

の愛情表現である。義男はひたすら逡巡し、もがき続ける。
　ニート、退職ニート、ひきこもり、精神障害、発達障害から惹起(じゃっき)される問題も、やはりと言うべきか、「親亡き後の生活」へと移行しつつある。その現れのひとつが年金不正受給事件なのであり、本作のごとく、追いつめられた家族や個人を糾弾する前に、個々の事情に思いをはせる共感性こそ求められる。「人民内部の争い」に一石を投じる渾身作だ。

『総合リハビリテーション』2013年12月号

▉第２節　「赤い天使」──セックス・ボランティアとしての従軍看護婦の実践

　オランダにおける障害者に対するセックス・ボランティアの実践がわが国で報じられたのは筆者の知る限り1990年前半のことです。たまたまラーメン屋で手に取った写真週刊誌『フライデー』（1993・12・17）に、オランダにおけるセックス・ボランティアの制度と活用、デンマークにおける「障害者の性を楽しむ権利」についての記事が掲載されていたのです。

　そのとき、現地に出向いて直接聞き取り調査をしたいとの思いが脳裏を過ぎったものの実現する見とおしがあるわけもなく、しばらく封印していました。ところが、全国障害者問題研究会北海道支部がオランダツアーを企画することになり、その機会に乗じて、オランダのセックス・ボランティア団体『ＳＡＲ』への聞き取り調査を敢行することになったのです。1996年１月のことです。聞き取りの詳細については、関連刊行物や新聞記事、報告集に譲ります。

　人間は性的存在であり、とりわけ思春期以降は自身のセクシュアリティと向き合いながら日々を過ごすことになりますが、その際、「性的弱者」としての障害者の性に光を当て、実践的に問題解決に乗り出したのが『ＳＡＲ』なのです。

＊

　翻って、日本ではこの課題にどのように向き合っていたでしょうか。

　『ＳＡＲ』のようなシステムは権利性の自覚から発しますが、それ以前に「なんとかしてあげたい」とする情緒的動因の段階があるはずです。システムではなくて個人的な努力や情念で対応する段階です。日本では、この段階が長く続いています。映画に限定して考察するなら、その初発は1966年に公開された「**赤い天使**」（監督／増村保造）です。

　本作は「性的弱者としての障害者の性」と「セックス・ボランティア」的な対応を描いたという点で画期的です。また、慰安婦問題喧しい現在では

ないゆえ、従軍する娼婦の集団がごく当たり前で自然なものとして描かれています。ただし、本作においてこの集団の由来や成り立ちについての言及はありません。あくまでも物語の後景に存在する人びとです。

　昭和14年の中国大陸。天津の陸軍病院に従軍看護婦西さくら（若尾文子）が着任します。この人物を、どんな言葉で表現すべきでしょう。まずは潔い。わりきりが速いのです。岡部軍医（芦田伸介）がそう思っていたはずですが、男にとって側にいてほしい究極の女性だといえます。

　さくらは病院内で傷病兵にレイプされますが、だからといって、おちこんだり、逆上したりはしません。レイプ首謀者の坂元は、さくらをレイプしたせいで最前線に送り出されて戦死します。さくらは考えます。自分ごときをレイプして戦死するなんて割に合わないと。自分のせいで死んだ坂元はかわいそうだと…。

　両腕を切断された折原は、自慰ができないことに日々苛まれています。さくらは折原の依頼を受けて自慰の介助をします。それにとどまらず、休日を利用してホテルで性的ケアを行います。「障害者の性を楽しむ権利」や「セックス・ボランティア」という言葉のない時代に、さくらはそれを実践していたのです。そこにあるのは先に述べたように「なんとかしてあげたい」とする情念です。ところが、それから間もなく折原は自死するのです。死にたいと願っていた折原にとって、さくらの行為は死へ向かうセレモニーとして意味化されたのです。さくらはここでも、自分のせいで男を死に追いやったと悔やみます。それでも機械のごとく前へ進まねばならないのが戦争です。

　繰り返しますが、本作は折原のエピソードによって、日本映画史上初めて「性的弱者としての障害者の性」と「セックス・ボランティア」的な対応を描いたのです。

　そして、野戦病院で岡部軍医と出会います。岡部は腕の立つ外科医ですが、不眠不休で何百本もの脚や腕を切断するという過酷な状況下で、薬物中毒と性的不能に陥っていました。さくらは岡部と同衾（どうきん）するなどして精神的にも肉

体的にも支えます。2人は、こんな出会いがあるなら戦場もまんざらではないと思ったはずです。人は人を求めてどうにか生きていく。人肌への回帰と言ってもよいでしょう。終始、男をリードしたさくら。男はみんな死んでいくのですが、なぜか生き残るさくら。その姿は永遠の女神のごとくです。

若尾文子について、一言述べておきます。若尾が全盛だった1960年代は、私にとっては少年時代であり、女の隠微な世界を描いていた若尾出演作品をリアルタイムで見ることはできませんでした。子ども心にさえ、たとえば、老齢の域に達した夫をもちながらも、出入りの若い男とアバンチュールに浸るといった「よろめきキャラ」がすでに立っていたからです。いわば、裏のある嫌な女、不健康な女といったイメージであり、子どもが見てはいけない映画に出ている人だったのです。

そんな少年時代からの固定観念を吹き飛ばしたのが**「赤い天使」**です。人に対して共感的で、マイナス感情に囚われず、前向きに生きる人物を演じていたのです。

1966年の公開当時は成人向指定であり、筆者は興味津々でしたが見ることができませんでした。近年になって若尾文子特集としてリバイバル上映され、40年以上の時空を経て、その全貌に接することができました。少年の感覚でも見ておきたかった作品です。若尾に対する見方も変わったはずですし、自己形成にも影響を与えたはずです。

それにしても、「さくら」という名前です。原作である有馬頼義の同名小説にも、冒頭から「ぱっと咲いて、ぱっと散るのよ」や「長生きすると、変な名前になるわ」といった「さくら」談義が交わされています。

筆者は後の「男はつらいよ」（テレビ版：1968年／映画版：1969年〜[※3]
1995年）の妹・さくらも、ひょっとしてその来歴は「西さくら」にあるのではないかと勝手に想像して悦に入っています。いずれの「さくら」も、天使あるいは女神のような存在です。

※1　その後1994年5月の『日本福祉新聞』でも報じる
※2　オランダのセックス・ボランティア団体『ＳＡＲ』への聞き取り調査
①北海道新聞森奈津子署名記事「障害者の性　―オランダから」(上) 1996年4月11日／(中) 1996年4月12日／(下) 1996年4月13日
②『オランダツアー報告集　―障害者のくらし・教育・労働・芸術・性』全国障害者問題研究会北海道支部、1996年6月
③「「セックス・ケア」で得られるもの―オランダからの報告」森奈津子(『知的障害者の恋愛と性に光を』所収、障害者の生と性の研究会編著、かもがわ出版、1996)
④「セックスボランティア・イン・オランダ」二通諭(全国障害者問題研究会北海道支部会報2002年第2号・通巻110号所収)
※3　『赤い天使』有馬頼義(ありまよりちか)、河出書房、1966、p.4

コラム14　映画が語る障害者の恋愛と性[※1]

　1980年代に先駆的な障害者が恋愛と性を語り出し、1990年代にいたり、映画が障害者の恋愛と性を語り出した。本稿では、紙幅の関係もあり、主要作品6本を紹介する。カッコ内に公開年と監督名を付した。

①女性知的障害者：「カーラの結婚宣言」（監督／ゲーリー・マーシャル：2000）
　女性知的障害者を主人公にした、高らかなる自己決定宣言ムービーである。24歳のカーラ・テイトは軽度の知的障害がある。全寮制の学校を卒業して家に戻ったが、母親のエリザベスは家から離した負い目も手伝って、ここぞとばかり世話を焼く。たしなみや服装にも口出しされて嫌気がさしたカーラは家出を敢行。カーラは、職業訓練校への入学やアパートでの一人暮らしなど次々と要求を出していく。エリザベスはうろたえるのみで、カーラの要求は通っていく。とどめは知的障害者ダニーとの結婚である。エリザベスは、幸福になる見込みのないこの結婚だけは許されないと思うのだが、どのように対応すべきか？　どのように考えるべきなのか？　エリザベスに突きつけられているのは、開始のゴングが鳴った自己決定時代の思考課題であった。

②女性身体障害者：「ヴァージン・フライト」（監督／ポール・グリーングラス：1999）
　セックスとは愛の交歓であり、愛し合う者同士が行うべきだという言説がある。それは非の打ち所のない正しさに満ちているが2つの点で問題がある。
　現実のセックスは、通過儀礼としてのもの、快楽追求のもの、心と身体を癒すものなど、愛の交歓としての意味をもたないものが多い。すなわち、愛以外のニーズに背を向けていることが第1の問題である。

さらに、さまざまな事情で愛し合うパートナーに恵まれにくい障害者など、セックス弱者とでもいうべき人びとに思考が及んでいないことが第2の問題である。
　本作は、以上2つの問題に切りこんでいる点で出色。車いす生活を余儀なくされている女性障害者の通過儀礼としての性を描いた本作には、さながらロスト・ヴァージン騒動記といった趣がある。女性障害者の通過儀礼としての性をテーマにした作品は、筆者の知るかぎり本作が初めてである。その積極姿勢を讃えることにやぶさかではないが、金で買う性を戯画化しつつ、真実の愛へと収れんしていくストーリー展開は、感動的ではあるが、安直性は否めず、二歩前進して一歩後退の感ありだ。
　ここで筆者の脳裏を過ぎったのは、懐かしくも1960年代大映の性典もの・処女喪失ものである。女子高校生がセックスする物語だと思ってワクワクしながら見に行ったら、高校時代はまだダメ、大学に入ってからね、という清く正しい結論でエンドになるものであった。扇情的なタイトルにつられて見に行ったら、中身は性欲にまかせてセックスをしてはいけない、我慢しなさいという旧来型の性道徳論であり、説教だったのである。私をはじめとする当時の少年たちはだまされたのであるが、今となっては懐かしい。

③男性身体障害者:「マイ・レフトフット」（監督／ジム・シェリダン：1990）
　本作の主人公は、アイルランドの実在のアーティストであるクリスティ・ブラウン。画家・詩人・小説家であり、重度の脳性麻痺による肢体障害者でもある。彼はレストランで思いを寄せていた女医から、他の男性と婚約していると告げられ、ショックを受ける。矢継ぎ早に酒を飲み干し、酔った勢いで次のように宣う。「私はいつも愛されていると言われる。しかし、それは心の中でだ。私は心も肉体も全部愛してもらいたいのだ」。
　この場は大荒れとなったが、障害者を心の中でだけ愛するような聖なる存在とするな、障害者にも性的欲求はあるのだという高らかなる宣言のシーン

として、映画史および障害者史に刻まれたのである。

　彼の良さは、このような「大演説」をしながらも、ちゃっかり他の女性をナンパする身の軽さや明朗さにある。結局、ナンパした女性と結婚することになる。

※クリスティ・ブラウンを演じたダニエル・ディ・ルイスは、本作の演技が評価されて第62回（1990年開催）アカデミー最優秀主演男優賞を受賞した。前年の同賞受賞者が「レインマン」で自閉症者を演じたダスティン・ホフマンだったということも付言しておこう。この2人が1990年代を障害者映画隆盛の時代にした立役者である。

④**男性身体障害者：「ナショナル7」**（監督／ジャン＝ピエール・シナピ：2002）

　車イス生活者のルネは、国道7号線そばの身体障害者施設で暮らしている。セックス日照り状態のため周囲に当たり散らしている彼の要求はただひとつ、「売春婦とセックスさせろ」ということ。施設側はトラブルメーカーのルネに対して、これまでの態度をあらため、極秘裏に行うという条件で許可を出す。さっそく女性介護人のジュリが、この界隈の売春スポットである国道7号線沿いのトレーラーハウスに出向き、車イスのまま車内に入れるかどうかを調べたり、相手をつとめる女性の当たりをつけたりする。ここで、たまたま出会った娼婦のフロレスに協力をあおぐ。

　いざ実行となると職員はだれも手を貸さない。ここは乗りかかった船、ジュリがすべてのサポートを引き受け、フロレスとタッグを組み、ルネの願いを叶える。

　終盤にいたって瞠目すべき場面に遭遇する。施設の仲間たちがトレーラースポットでバーベキューを楽しんでいるのだが、それをフロレスは遠巻きに見ている。それは、堅気の人びとの共同体に決して入ることのできない娼婦フロレスの本当の姿であった。人間社会の暗黙の階層性はこんな場面で露出

する。ところが仲間たちは、フロレスにこっちへ来いよと呼びかける。フロレスはうれしそうに仲間たちの輪に加わる。このときのフロレスの表情は、「カビリアの夜」のラスト、娼婦を演じたジュリエッタ・マシーナの微笑をほうふつさせるものであった。

⑤**女性身体障害者**：「オアシス」（監督／イ・チャンドン：2004）

　底辺からせり上がる究極の愛である。ジョンドゥは前科3犯、暴行、強姦未遂、そして今回、ひき逃げによる過失致死の罪で2年半の刑に服し、出所したばかりである。真冬なのに夏服。見ず知らずのサラリーマンに煙草を無心。こんな奴には近づかないほうが無難だと思われるタイプ、換言すれば周囲からどん引きされるタイプである。そのジョンドゥが被害者遺族を訪ねるのだが、1人で暮らす脳性麻痺の女性コンジュと出会う。

　コンジュのことが気になるジョンドゥは、彼女の部屋に忍びこみ、口説き文句とともに身体をなでまわす。彼女は精いっぱい抵抗するが、それも麻痺が強くてままならず気を失う。慌てたジョンドゥは水をかけて退散。これが恋の始まりだ。

　ジョンドゥは犯罪的とも言えるスタイルでアプローチしたわけだが、それは社会性の障害として表れる発達障害によるものだろう。彼の行動は世間の常識や暗黙のルールではなくて、主観的な善意から発する。発達障害と言っても人をもてなすタイプである。ひき逃げも真犯人は兄であり、兄を助けようとして身代わりになったのである。強姦未遂にしても適切なふるまい方を身につけていないことから生じたものであることは想像に難くない。クライマックスへの導火線となった性的交わりも彼女からの誘いによるものだ。しかし、周囲からみれば、変態男が障害女性を強姦した事件なのであり、ジョンドゥはまたもや逮捕される。

　重い言語障害のために即座に反論できないコンジュ。言葉として表出できないがゆえにむしろせり上がってくる、究極の愛のメッセージ。観客の頬を

涙で濡らすこと必定である。

⑥**女性身体障害者**：「ジョゼと虎と魚たち」（監督／犬童一心：2003）
　本稿の最後は日本映画でいきたい。車イス生活ならぬ乳母車生活を送っている若い女性ジョゼ（池脇千鶴）が主人公。乳母車ということからも明らかなように、障害者福祉制度の外で生活している。一緒に暮らす老女が世間の目に触れさせないようにしているからだ。ゆえに散歩も通行人がいない明け方ごろだ。そんな時間に出会うとなれば限られた職種の人物となる。麻雀屋(マージャンや)で深夜のアルバイトをしている学生の恒夫（妻夫木聡）がその１人となった。
　この２人の関係の結末は冒頭に明かされている。それゆえ描写の焦点はつきあいのプロセスである。恒夫は、強い意志や信念、思想で生きているのではなく、素直さと優しさで生きている。ジョゼは本好きで、知識の量なら学生以上である。おいしい手料理もつくることができる。
　このような２人が構築する青春とは、はたしていかなるものか。多くの若者たちが涙したという本作は、美しさと苦さが入り混じったポエムの世界であった。

※１　『季刊セクシュアリティ No.60』（エイデル研究所 2013・4・15）掲載の拙稿。本稿は、拙著『時代(とき)の風を感じますか ―当世障害者事情』（全障研出版部、1995）および長期連載中の「映画に見るリハビリテーション」（『総合リハビリテーション』医学書院）において披瀝した小論をまとめなおしたものである。

■第3節　「愛のコリーダ　2000」―セックス依存症とでもいうべき「病者」の内面世界と行動を精緻に描く

　「愛のコリーダ」（監督／大島渚：1976）は、愛人石田吉蔵の局所切り取りなどで名をはせた阿部定の事件を描いたものです。成人向きであることはもちろん、鑑賞を躊躇させるにはじゅうぶんな題材です。ただし、製作されてから相当な年数を経ているのですから、某かの問題があろうと時効です。プロデューサーは若松孝二。2012年10月17日に他界した若松に続いて、2013年1月15日、大島も帰らぬ人になりました。享年80。

　本作はフランス映画であり、1976年のカンヌ映画祭で絶賛され、フランス、ブラジルでは興業記録を塗り替えるほどの成功をおさめました。しかし日本での上映は大幅に修正されたプリントによるものであり、筆者にしても見る気が失せたことはたしかです。したがって、ここにいたるまで未見だったのですが、大島・若松両巨頭の追悼番組として**本編ノーカット版「愛のコリーダ　2000」**が上映される機会があり、覚悟の正対となったのです。

　本作の宣伝チラシには、「殺されて本望、それが最終的な愛のステージなのだと思いました」（俵万智）、「いまどきの男よ、吉蔵の愛の深さを思い知れ！」（室井佑月）といったように「愛」に焦点を当てた感想が掲載されているのですが、筆者は、依存症やサディズム、マゾヒズムとでも言うべき「病者」の内面世界や行動を性への耽溺もふくめ、生身の役者がギリギリのところまで追体験したところに本作の価値があるのではないかと考えます。定を演じた松田英子と吉蔵を演じた藤竜也の覚悟の演技に頭が下がります。少なくとも性的欲情を喚起するような作品ではありません。

　人間は人とのつながり、関係性によって発達しますが、人格の崩壊をもたらすような関係性もあります。場合によっては回避すべき関係性もあります。

　本作の場合、待合の女中も定に「変態」という言葉を浴びせ、女将も吉蔵に逃亡を勧めています。定と吉蔵の性の営みは、待合という性産業で働くプロから見ても、死をも予感させるほどの「異常性」に満ちていたのです。

逮捕後の定には同情と人気が集まり、彼女が立ち寄った古着店も大繁盛だったとのこと。226事件が起きた昭和11年のことです。なぜ多くの人びとが定にひかれたのかは、当時においても学問的な関心事になっており、高橋鐵（東京精神分析学研究所員）が「命を懸けた戀情」ゆえと喝破しています。定は戦後、表舞台に立ちましたが、1974年以降は消息不明です。
※1

※1　「阿部定の無意識動機に就いて　—犯罪分析より観た阿部定の本體」高橋鐵（『変態心理学』所収、和田桂子編、ゆまに書房、2006、p.546）

第4節　「チョコレートドーナツ」
—性的マイノリティの苦難の歴史

　1970年代アメリカの実話を基にした「チョコレートドーナツ」（監督／トラヴィス・ファイン：2014）は障害者や性的マイノリティ（性的少数者）の苦難の歴史を教えてくれます。

　舞台は1979年のカリフォルニア州ウエスト・ハリウッド。ゲイバーでダンサーとして働くルディ（アラン・カミング）は、同じアパートに住むダウン症の少年マルコ（アイザック・レイヴァ）の劣悪な養育環境を黙過することができず、自らケアに乗り出します。

　マルコの母親は、薬物依存症であり、男を連れこんでは大音響をバックにセックスという日々です。マルコを置き去りにすることも珍しくはありません。現代の言葉で形容するなら、まさに虐待です。

　母親が逮捕されたことを機に、ルディはゲイのパートナーである弁護士のポール（ギャレット・ディラハント）と共にマルコと本格的に暮らすことになります。ゲイのカップルがダウン症の少年を育てるという営みがスタートしたのです。食事をつくり、学校の送迎と宿題をこなし、就寝時にはマルコが望むハッピーエンドの物語を聞かせるなど、実の親子でもまねができないような心地よい生活空間を創り上げます。

しかし、ゲイのカップルが知的障害児を育てることが問題視され、法廷で争われる事態となります。マルコの前でルディとポールがキスをしていることや、マルコがゲイバーの閉店時に迎えに行くことに加え、ルディと出会う前からマルコが持ち歩いていた少女の人形さえ、不適切な養育環境の証左とされます。おそらくなんらかの司法上の取引があったのでしょう。母親は刑期を待たずに早めに出所します。母親のもとに戻されたマルコは、再び、薬物、大音響、セックスに晒されることになります。ここに平安はありません。マルコはルディとポールの幻影を瞼に浮かべ、ひとり夜の街をさまよいます。三日三晩歩いたマルコはやがて橋の下で息絶えます。

　悲劇を招来させたのは、裁判官、検察官、弁護士など司法関係者の認識です。子どもには最善の心の環境と物理的な環境を用意する、すなわち最優先に確保すべきは「基本的安心感・安全感」なのですが、ゲイという性的少数者に対する内なる偏見と差別意識によって思考がゆがんだのです。

　近年、米国ではジョディ・フォスターの例のごとく同性婚や同性カップルによる子育てが認められつつありましたが、2015年6月26日、米連邦最高裁が同性婚を認めました。同性婚を認める動きは世界20ヵ国に広がっています。アイルランドでは、2015年5月22日に実施された国民投票で同性婚が承認されています。アイスランド首相（2010年）、ルクセンブルク首相（2015年）の同性婚も報じられています。

　「イミテーション・ゲーム　エニグマと天才数学者の秘密」（監督／モルテン・ティルドゥム：2015）は、解読不能と言われていた独軍の暗号機エニグマに挑んだ英国の天才数学者アラン・チューリング（ベネディクト・カンバーバッチ）の実話ですが、戦争終結を早め、1400万人の生命を救ったとされる英雄であるにもかかわらず、1950年代当時の法律では罪に問われる同性愛者であったため、ホルモン療法などを経て、1954年に非業の死を遂げます。英国のイングランドとウェールズで同性による成人同士の性行為が合法になったのは1967年のことです。

第5章 「スクールカースト」の虚妄を剝ぐ

◤第1節 「桐島、部活やめるってよ」
    ―「スクールカースト下層」の視点

　学校は、いじめや不登校、体罰といった病理を抱えています。これらはマスコミを賑わす現象ですが、深く静かに潜伏している病理もあります。その1つが、「スクールカースト」と呼ばれる学校内序列構造であり、近年、いじめの背景因子としても注目されています。

　「桐島、部活やめるってよ」（監督／吉田大八：2012）は、スクールカーストの虚妄性を描いたという点で出色。某高校の金曜日から火曜日までに起きたことを主要登場人物の視点から反復し、人間模様の全体を見せるところに真骨頂があります。時系列の刻み方が見事で、まさに目が離せません。

　ことはバレーボール部のスター選手桐島が部活をやめるというところから始まります。予備知識がなければ誰が主役かわかりません。エンドロールよって、映画部の前田（神木隆之介）が主役で、吹奏楽部の沢島（大後寿々花）も準主役であることがわかります。桐島は終始不在です。

　一般に学校の部活動において、文化部はその性格上、地味な印象をもたれ、運動部は華やいだ印象をもたれます。その限りで序列化するなら、運動部より文化部のほうが低くなります。ましてや映画部となると、限局された興味の世界に逃げ込んでいる者たちというイメージが強く、その序列はさらに低くなるでしょう。対して、本作の桐島や菊地のような運動部のトップ選手となると憧れの対象であり、美しい彼女を侍らすこともできます。これこそス

クールカースト上位者の特権です。

　ところがよく考えてみると、スクールカースト上位者という身分も実のところ１年余で終わる代物なのです。翻って現在は下層に甘んじている前田ですが、将来映画監督になった暁には女優と結婚することもありえるのです。

　このような不安、予感を図らずも口にしたのが桐島と同じ地位にいる野球部のスター選手菊地（東出昌大）です。菊地はおそらくカースト上位の虚妄性に気づいたでしょう。それゆえ本籍部活、現住所塾通いという中途半端な日和見生活に陥っているのです。

　ラストは映画部がゾンビ映画を撮影している屋上。ここに全階層が集結します。吹奏楽部の演奏をバックに、上位層が次々ゾンビに食い殺されていきます。これは、前田の深層心理を形象化した、いわば妄想であり、虐げられた者たちの暴力革命の図です。

　本作にはさまざまな隠し味が用意されています。映画部が屋上に向かう階段ですれちがった生徒は桐島です。冒頭で泣いていたバレー部女子マネージャーはその後の展開にいっさい絡みませんが、真相を知るただ１人の生徒のはず。本作の漂着先は、映画部の部員からもバカにされている映画部顧問片山の持論である「半径１ｍの世界」という皮肉。

　高校時代、高校新聞という地味な世界に身を置いていた筆者としては、スクールカーストの虚妄性を剥ぐ作品として楽しめました。筆者が高校生なら沢島・大後寿々花が気になります。

※１　2012年、キネマ旬報ベストテン第２位

▌第２節　「鈴木先生」─ひきこもり青年の暴発から学校と社会のあり方を考える

　「鈴木先生」（監督／河合勇人：2013）は、中学校において、おとなしくもまじめに教師の言葉にしたがっていた生徒の暴発、異議申し立てを描いてい

ます。

　学校でめだつのは、手のかかる不良群、発達障害など特別な配慮を必要とする要支援群、上位層を形成する発信力旺盛群です。これら3大勢力以上の規模で存在しているのが、黙々と日々を過ごしている中間層です。たとえて言うなら、学園ドラマにおける主要登場人物の背景にいる者たちで、学校秩序の守り手ですが、特段評価されることはありません。

　暴発したのは、鈴木（長谷川博己）が勤める緋桜山中学校の卒業生ユウジ（風間俊介）です。ひきこもり生活を送っているユウジの日課は、同じ境遇の同級生ミツルと公園の喫煙所で煙草をふかすことです。ここは2人にとっての貴重なピアカウンセリングの場です。ところが、「心の病」の療養生活を終えたばかりの潔癖教師足子（富田靖子）が、公園の喫煙所はよからぬ者たちがたむろする場になっているとして撤去を提案。公園から排除されたミツルは家庭内で傷害事件を起こし逮捕されます。ここでユウジの怒りは頂点に達し、鎌を忍ばせ学校に乗りこみます。学校は自分やミツルのような物言わぬ中間層の犠牲のうえに成り立っているという自身の主張を突きつけるための暴力的決起です。

　一方、校内にも異議申し立てをする生徒グループが現れます。標的は足子が提唱した生徒会選挙における無効投票撲滅運動です。足子は、アニメキャラやタレントの名前を書く悪ふざけ投票は許さないとする立場から、場合によっては記名投票にするとまで言い放つのです。悪ふざけ投票も、一部の生徒にとっては抵抗の意思表明であり、これを認めないとするなら、反・無効投票撲滅運動の一点で生徒会会長選挙を戦うしかありません。

　鈴木は、喫煙所の撤去も無効投票撲滅運動もグレーゾーンを許さないとする硬直した思考から発したものであり、その有害性を見抜いていました。それにもかかわらず、逡巡するのみで意思表明を避けました。やはり思うだけでは不十分なのです。大事なことは言わなければなりません。翻って、「声の大きな人」（一方的な言説で支配、威圧しようとする人、一定の権勢や支

配力、威圧感を有している人）や「正論のように聞こえる言説」に対して説得力をもって切り返すことの難しさを垣間見ることができます。

　本作の特徴は、鈴木の揺れる思考と心情を細かく描写するところにあります。やや大袈裟に言うなら、実践的教育哲学の映画版テキストです。「演じるというのは自分自身を成長させるひとつの手法なんだ」という鈴木の言葉は至極名言であり、生徒たちの胸に響き、確かな力となったのです。

■第３節　「愛の渦」──コミュニケーションに困難を抱える若者たちの性へのアクセスを描く

　一夜の乱交パーティを描いた「愛の渦」（原作・脚本・監督／三浦大輔：2014）は、「着衣時間全編中たった18分半」と謳っているものの、性的欲情の喚起を目的とするポルノエンターテイメントの類ではありません。本作は、もともと第50回岸田國士戯曲賞受賞（2006年）の舞台作品であり、演出を手がけた三浦がそのまま監督としてメガホンをとっています。質の高さは折紙つきです。本作を一言で表現するなら「人間科学映画」ということになります。人間の多様な側面が活写されているからです。

　乱交パーティと言っても、0時から5時まで、男2万円、女1000円、カップル5000円という性風俗産業の一商品に過ぎませんが、見方を変えれば体験的性教育を展開する学校です。

　開始前に3つのルールが提示されます。

　①性行為の前とトイレの後には必ずシャワーを浴びる。

　②コンドームを必ず装着する。

　③女性の意思を尊重する。

　コンドームの使い方についての教示もあります。終了時には、ストーカー予防のためとして男女時間差退室および連絡先の交換を禁じる指示が出ます。このような「悪所」にも管理が徹底されるところに現代日本の感性の到達があります。

この日集まったのは、男4人、女4人。本作は、ひきこもり系ニートの男（池松壮亮）と、いかにも地味なメガネの女子大生（門脇麦）に照準を合わせます。他の参加者も、フリーター、派遣OL、町工場の工具、保育士、サラリーマン、風俗系といった、社会のヒエラルキー（階層構造）において、中あるいは中の下に属する面々です。注目すべきは、この6人の集団においても、スクールカーストのごとくヒエラルキーが発生し、ときにそれがぶれることです。顔立ちや体型、雰囲気、性交時の反応、性器の形状や匂いなどから相互に値踏みし、地位が微妙に入れ替わるのです。

　出だしは男がつくります。女に対して、立ち膝や四つ這いでにじり寄っていく姿は動物の求愛行動をほうふつさせます。本作によって、人間が動物であり、かつ社会的存在であることを再認識することができます。

　夜が明け、服をまとった瞬間から、日常のヒエラルキー、階層構造の一員として社会へ戻っていきます。ここで、ニート男の女子大生への淡い恋心、交際への期待も見事に打ち砕かれます。人とのコミュニケーションを苦手とする、イケテナイ若者たちの性へのアクセスを描く痛切感ただよう秀作です。

▎第4節　「キャリー」─特別な支援を要する女子高生の悲痛な叫び

　「キャリー」（監督／キンバリー・ピアース：2013）は、1976年のブライアン・デ・パルマ版「キャリー」のリメイクです。両作とも宣伝写真は頭から血をかぶった少女の姿であり、ホラー・スプラッター（恐怖と血しぶき）が苦手な人たちを敬遠させるには十分なおぞましさです。

　本作は、いじめと虐待の被害少女キャリーを主人公とする復讐譚です。

　キャリーは、特別な教育的支援を要する生徒ですが、非人間的なあつかいを受けている者にとってはうっぷんを晴らしてくれる存在です。同情と共感を呼ぶことはあっても決して憎悪の対象にはなりません。

　物語はキャリー（クロエ・グレース・モレッツ）が学校のシャワー室で初潮をむかえ、パニック状態になるところから起動します。キャリーには高校

生になってなお生理についての知識がありませんでした。したがって、したたり落ちる血を見て「助けて！」と絶叫するのも仕方がないことです。とはいえ、女生徒たちは嘲笑しながら生理用品を投げつけ、スマホで動画撮影さえします。これはまぎれもなくいじめであり、加害生徒たちにはペナルティが科せられます。ここで反省する生徒と逆恨みする生徒に分かれます。

　教師は、キャリーにも問題あり、との思いに一瞬囚(とら)われますが、即座に打ち消し、思考の矛先を異常な教育方針を貫く母親マーガレット（ジュリアン・ムーア）に向けます。

　キャリーは、性についての知識をいっさい与えなかった母親に抗議します。しかし、狂信的ともいえる「キリスト教原理主義者」の母親は、初潮をむかえた女は男を欲しており、神の許しを乞うべきであるとして、逆にキャリーをクローゼット（告解部屋）に閉じこめます。キャリーはこの日を境に、鏡を割ったり、人の動きを止めたりなど、念動力（テレキネシス）を有していることに気づき、自在にその力を操るようになっていきます。

　さて、反省派のスーはボーイフレンドにキャリーをプロム（高校卒業時・学年終了時の舞踏会）に誘ってほしいと懇願。善意の堆積が復讐の絶対値を増大させるとは知らずに、です。一方、逆恨(さかうら)み派のクリスは、プロムのクイーンとして幸福の絶頂にいるキャリーに豚の血を浴びせるべく画策していました。町を廃墟にするとは知らず、にです。

　かくしてプロムナイトの大惨劇。スティーブン・キングの同名の原作によれば、死者440名、行方不明者18名。死者のうち67名は卒業を目前にした高校生でした。

　「キャリー」はいまや古典。「普通」になりたかった少女の物語として永遠の光を放っています。さらに、スクールカーストという視点を導入するなら、下層に位置する者の叛乱、暴力的決起という見方もできます。「キャリー」もまた、ホラー・スプラッター物の体裁を整えながらも、本質は、いじめと虐待を背景にもつスクールカースト物であると捉えることができるのです。

第６章　「夜明け前の子どもたち」に学ぶ　障害の重い子どもたちの発達と教育

◣第１節　1960年代の実践的試みを始発点として

養護学校義務制実施、すなわち完全就学が制度的に完成したのは1979年のことです。障害や発達の程度にかかわらず、すべての子どもたちに教育が保障されるようになってからもうじき40年になろうとしています。養護学校義務制実施は、教育権の保障を謳う憲法制定から32年後のことでしたが、年数に着目するなら、私たちは完全就学前史の長さを凌駕する地平に立っています。

一般に担い手の世代交代は30年周期だと言われています。完全就学をめざし、その根拠となる実践や理論を構築してきた世代は、現役を退いて久しいか、あるいは退職期を迎えています。

現在、どんなに障害が重くても教育を保障するという思想と実践は、水や空気の存在のごとく当たり前のものとして受けとめられています。いまのところ、そのことの自明性は消失していません。しかし、障害の重い子どもたちへの教育に養護学校義務制実施前後からとりくんできた世代が退場することで、今後、形骸化の恐れなしとはいえません。レアケースとはいえ、数年前には障害者差別と受け取れる発言をくりかえす市長がいたのですから楽観はできません。

障害の重い子どもや大人には教育も医療も必要ない、とする1960年代の行政スタンスにただちに下降するとは思えませんが、その可能性を極小のものとするためにも、障害の重い子どもたちの教育を推進してきた第一世代に

とっての自明性を、現職の第2世代、これから特別支援教育を学び、実践世界は入ろうする第3世代へと継承していく営みは重要です。それは、歴史をふりかえり、在るべき未来を創る営みでもあります。

筆者は1974年に教育系大学の特殊教育学科を卒業し、教員として障害児教育の現場に入りました。養護学校義務制実施以前、すなわち完全就学前史の体験者の1人です。本章の目的は、当時生成されつつあった重度重複(ちょうふく)障害児など障害の重い子どもたちに対する教育指導原理の一端を、リアルタイムで体験した者として、考察を加えつつ概括するところにあります。

ここで強調しておきたいことは、1960年代の実践的な試みが、障害の重い子どもたちに対する教育指導原理探求の始発点になっているということです。完全就学前史において、重度重複障害児の多くは「教育不可能児」との理由で学校教育から排斥され、「治療に値しない」という理由から病院からも排斥されていました。この課題に思想的実践的に挑戦したのが小林提樹と糸賀一雄でしたが、保護者団体、いわゆる各種障害別親の会も状況を黙過していたわけではありません。

以下は、昭和31（1956）年3月13日に発した「精神薄弱児・肢体不自由児教育義務制実施促進に関する決議」の冒頭部分です。

「「すべて国民は、その能力に応じて、ひとしく教育を受ける権利を有する」と憲法に明記されているが、全国40万の精神薄弱児、12万の肢体不自由児は、今日なおその能力に応じた教育の恩恵から除かれている。これら薄幸な児童達に教育の機会を与えないことは、よき社会人、よき職業人として世に立つ機会を奪うことであり、換言すれば今後の社会に彼等の生存を許さないことを意味するものである。」

紙幅の関係でここでは紹介できませんでしたが、末尾において、あらためて憲法を根拠に特殊教育の義務制実施を訴えており、憲法が完全就学実現の旗印であったことは明らかです。

憲法に書かれた崇高な理念があったにせよ、パイオニア的な思想実践がな

ければ、理念は現実のものになりません。前述したように、戦後のわが国には東の小林提樹と西の糸賀一雄という2人の傑出したパイオニアがいました。ここでは重度重複障害児の存在の意味を明らかにした糸賀一雄の所説を取り上げておきます。糸賀は1968年2月に刊行された自著において次のように述べています。

「この子らはどんなに重い障害をもっていても，だれととりかえることもできない個性的な自己実現をしているものなのである。人間とうまれて，その人なりの人間となっていくのである。その自己実現こそが創造であり，生産である。私たちのねがいは，重症な障害をもったこの子たちにも，りっぱな生産者であるということを，認めあえる社会をつくろうということである。「この子らに世の光を」あててやろうというあわれみの政策を求めているのではなく，この子らが自ら輝く素材そのものであるから，いよいよみがきをかけて輝かそうというのである。「この子らを世の光に」である。この子らが，うまれながらにしてもっている人間発達の権利を徹底的に保障せねばならぬということなのである。」

少々長い引用でしたが、この箇所こそ現在にいたる障害児・者の教育や生活創造の原点なのです。「この子らに世の光を」から「この子らを世の光に」。「に」を「を」に変えることによって、視点の革命的とも言える転換を起こしたのです。まさに歴史のターニングポイント（転機）となった一言です。

さて、書物だけでは革命的な転換にいたりません。書物の言葉を映像によって見せる、という実証の営みがあってこそ、書物の言葉が確かなものとして普遍化するのです。

糸賀一雄の先の一言は、**ドキュメンタリー作品「夜明け前の子どもたち」**（監督／柳沢寿男：1968）によってビックバンとでもいうべき勢いで普遍化しました。

本作は、重度重複障害児の存在の意味を明示したという点で画期的なものでした。すなわち、重度重複障害児を微視的には人間発達の共通の道を歩んでいる存在として、巨視的には在るべき社会を生産する存在として明示した

のです。とりわけ、これまで笑顔を見せることのなかった寝たきりのシモちゃんのほほえみのショットは、療育・教育の力と人間の発達可能性を示唆し、完全就学をめざす運動を鼓舞するものとなりました。その意味で、たしかに社会を生産する存在たりえたのです。

※1　小林提樹についての文献
　　①『どんなに障害が重くとも　1960年代・島田療育園の挑戦』明神もと子著、大月書店、2015
　　②『愛することからはじめよう　小林提樹と島田療育園の歩み』小沢浩著、大月書店、2011
※2　『福祉の思想』糸賀一雄、NHKブックスクラシックスフェア、2005、第80刷p.177　第1刷1968年2月10日

◤第2節　障害の重い子どもたちに対する実践から生まれた教育指導原理

「夜明け前の子どもたち」によって、糸賀とシモちゃんの呼応関係は、広く社会的な呼応関係へと発展していくことになりました。

　以下、本作の当時のパンフレットの記述です。廃語になって久しい用語があることを断っておきます。

　　映画「夜明け前の子どもたち」は精薄児の父と言われた故糸賀一雄先生の監修の下に、先生ゆかりの施設びわこ学園における重症心身障害児の療育活動を撮影したものです。スタッフは学園に泊まり込み、重症心身障害児とその療育活動について徹底的に学習し、その上で、計画を立て撮影するという繰り返しを一年近くも続けました。それだけに学園の専門職員も驚く程の新事実の映像が焼きつけられました。

　　パンフレットに記されているスタッフ一覧には、糸賀一雄らのほか、製作委員会の長および指専として、後に京都大学教授、全国障害者問題研究会初代委員長となる田中昌人の名があります。野洲川縁の「石運び」実践におけ

る田中の解説は圧巻であり、学びのテキストとして貴重です。

本節では、「夜明け前の子どもたち」から、1960年代に生成しつつあった教育指導の原理ともいえる教育指導論上のキーワードを捕捉します。

1．「心の杖」の発見

上田君はヒモを離しません。糸くずのようなヒモです。カメラに向ける表情にも険しいものがあります。指導者集団は、野洲(やす)の河原の石運び作業によって、このヒモが離せるようになるのではないかと期待します。

いつも箒(ほうき)を手にしている子どもは、反対方向から来た子どもに箒を取られるとそこで体が硬くなり動きが止まります。箒を取り戻してもらうと、それを持って再び動きはじめるのです。ここで箒は「不思議な魔法のツエのような働き」をしているとの田中の解説が入ります。田中は「なにかこうして心の支えになるものがどの子にもあるのかなあということを考えさせられました。心のツエというふうに呼んでみました」と続けます。短いフレーズですが、1970年代以降の障害児教育実践の指導原理、換言すればキーワードが2つも含まれています。「支え」と「心の杖(つえ)」です。

再び上田君です。指導者は、石を運んだらヒモをあげる、という方針で臨みます。うまくいくはずはないと思いながらも1回だけでも試行するべきとの判断です。上田君は指導者にうしろから押されながらも石を運びます。ここで約束どおりヒモをあげようということになるのです。そのとき上田君がとった行動は、渡されたヒモも石運びのカンも投げ捨てるというものでした。それに留まらず自動車の中に閉じこもります。田中は、「心のツエを他のものに置きかえよう、そのことだけに一生懸命になって、じらしてしまうことになると、結局上田君は心のツエを自動車の中に入るという形で自分よりもっと大きな世界をツエにしてしまう」として、実践者がおちいりやすい傾向に対して警告を発します。加えて、失敗から学ぶという、実践者としてのあるべき態度を言外に示しているのです。

「心の杖」をネガティブにとらえるなら、止めさせたいこだわりです。ポジティブにとらえるなら、外にむかって行動するときの支えとなります。本作は、「止めさせたいこだわり」に発達上の意味を与えたという点で画期的なものでした。

2. 発達的にとらえる、という着眼点の発見

聴覚障害と知的障害を併せもつナベちゃんはヒモで縛られています。飛び出したらどこへ行くかわからないからです。「動きまわる重症心身障害児」の1人です。[※1]

しかし、ヒモから解き放されたナベちゃんは、車を押しては戻るなどに代表されるような刻む行動を展開します。砂を入れてはこぼし、水を入れてはこぼすという行動を反復するのです。これについて田中は自著で「一次元の可逆操作特性をもって外の世界を取り入れて新しい行動をつくりだしていく、そんな力がある子どもなのだということを読みとりました」と述べています。[※2]

平易な言葉に還元するなら、ナベちゃんは1歳半周辺の発達的力量をもって日々の生活を切り拓いているのであり、単にヒモで縛るのではなくて、発達的力量に着眼した実践こそ求められていると提起したのです。これは、子どもたちを「発達的にとらえる」という実践方法上の提起です。この後、実践現場では、「発達の節（ふし）」という用語が流通するようになります。すなわち、発達には階段のような不連続的な段階があるという見方が広がり、発達診断をふまえて発達課題や教育指導課題を導き出す、という実践パラダイムが一定の広がりを見せることになったのです。

3. 「発達的抵抗」の発見

石運び実践の過程で坂道の意義を発見します。ナベちゃんは上り坂にかかると力を出してくれます。下り坂だとそうはいきません。

ある子どもの場合は坂の入口で立ち止まります。指導者が目の高さに位置をとって言葉や笛を入れることで動きだします。あるいは友だちと一緒だと運ぶことができます。

　どうやら、「抵抗」に遭遇することによって、人とのかかわり方も変化してくるようです。ここから坂道に象徴される「抵抗」というものが発達には必要なのではないかとの考え方が提起されることになります。

　田中は前掲書で以下のように述べています。

　「教育とは、必要な抵抗をいかに適切に、しかも系統的にあたえていくことかを追求していかねばならないのだということを漠然と知ったのもそのときでした」
　　　　※3
　ここにあるのは、抵抗があることによって力が引きだされ、発達とは抵抗あるいは矛盾を乗り越えることであるとする教育思想です。発達には二重の意味で「抵抗」が必要なのです。これは、わかりやすさと円滑さのみに傾斜しがちな昨今の実践状況に対峙(たいじ)する観点としても重要です。

※1　『障害のある人びとと創る人間教育』田中昌人著、大月書店、2003、p.106
※2　『講座 発達保障への道③　発達をめぐる二つの道』田中昌人、全障研出版部、復刻版2006、p.147、初版1974）
※3　同上 p.153

※筆者は「夜明け前の子どもたち」を鑑賞するにあたって、学習プリントのようなものがあったほうが、より認識が深まるのではないかと考え、ひとまず前半部分に限ってワークシートを考案してみました。
　116〜118ページに掲載します。

〈参考資料〉 映画「夜明け前の子どもたち」鑑賞ワークシート

1．被写体になっている子どもたちにどのような障害名を付したか。

2．（　　）に言葉を入れなさい。
　　人に生まれて人間になるための（　　　　　　　　）を
　　歩んでいることに（　　　　　　）はない。

3．施設と社会の間の通路をどのような言葉で表現したか。

4．三井君の発達水準はどのレベルに相当すると考えられていたか。

5．三井君の行動特徴を述べよ。

6．ナベちゃんの障害と行動の特徴を述べよ。

7．ナベちゃんの発達水準はどのレベルに相当すると考えられていたか。

8．鯉のぼりの活動において、子どもたちにどのような変化が生じたか。

9．鯉のぼり場面におけるナベちゃんの状態を記せ。

10．（　　）に言葉を入れなさい。
　　こどもの日、「白い長い廊下」は子どもたちにとって、
　　（　　　　　　　）の道になった。

11．三井君の特徴的な行動を記せ。

12. このような子どもたちの療育に当たって、田中先生はどのような提起をしているか。

13. 工事現場の人との遊びで醸し出されたものはなにか。

14. 工事現場の人が去った後に出てきた活動はなにか。

15. （　　）に言葉を入れなさい。
    相手のリズムに触れて自分のリズムを（　　　　　　　　）。

16. （　　）に言葉を入れなさい。
    上を向いて寝かされている子どもだ。
    （　　　　　　　　　）もできるのではないか。

17. 空間的にも狭い。だから、どうしようとしたのか。漢字6文字で記せ。

18. 石運びの流れは、一言でどのように表現できるか。

19. 上田君の紐はどのような意味をもっているか。一言で記せ。

20. 上田君に対して、向こうに行ったら紐をあげるという方針で臨んだが、その結果はどうであったか。

21. 戸次君はどんなことが課題になっていたか。一言で記せ。

22. 生間君は、学校への入学をどのような理由で断られたか。一言で記せ。

23. 仲間同士の関係を築くにあたって、なにをとおして築くと提起しているか。一言で記せ。

24. ナベちゃんをめぐる論争における論点（対立点）はなにか。

25. 自発的に発動機をかける、とはどんな意味か。

26. 自発的に発動機をかけるためには、どのような働きかけやとりくみが必要だと提起しているか。

27. ナベちゃんにパンツをはいてもらうとき、どのような介助によってうまくいったか。

28. 田中先生がナベちゃんの行動で不思議だと思ったことをエピソードで記せ。

29. 田中先生は坂で、行けたと思った、わけだが、その内実（正体）を一言で記せ。

30. 関係発達において何が大切であるかと提起していたか。一言で記せ。

31. 上田君のひもを何と命名したか。

32. それは上田君にとってどのようなものとして機能していたか。

33. 先生方の合言葉を記せ。

34. その合言葉は、たとえばどのような事象を指すか。

第7章　差別や排除のないインクルーシブな社会をつくる

▎第1節　「おおかみこどもの雨と雪」
―あえて差別される側に回るという思想の高み

　以下は、筆者の発達障害児童生徒に対する教育実践経験からせり上がってきた教育目標です。
　①差別を許さない力。
　②仲間と連帯する力。
　③平和を守る力。
　教育学者矢川徳光が1973年に提起した教育目標論、①手をつなぐ力、②だまされない力、③平和を守る力、に触発されたものです。
　筆者が一番目に挙げた「差別を許さない力」の形成も、簡単なことではありません。計り知れない知性と精神性が要求されます。
　ここでも映画がヒントを与えてくれます。
　差別をしないための方略のひとつに、あえて差別される側にまわるという身の処し方があります。
　ハンセン病患者を親にもつ子どもたちの小学校入学に反対する地元住民が、デモや同盟休校の挙にまで出るという生々しい差別の実態を告発した「あつい壁」（監督／中山節夫：1970）では、あえて登校を敢行する小学生たちの姿を描いています。本作は実話を映画化したものです。
　ハンセン病患者の子どもたちと同じ小学校で学ばせたくないとする親たちは、校門でピケを張り、登校してくる子どもたちを別に定めた場所に行くよ

うに指示します。ところが、何人かの子どもたちは、親たちの目をかいくぐり教室に入ります。

　劇中のセリフを借りれば、登校することによって「村八分(むらはちぶ)」にされる、すなわち人間関係が絶たれるほどの差別をうけることは明白でしたが、それでもなおかつ塀を乗り越え、教室に入ってきたのです。この小学生たちこそ映画史における「差別を許さない力」の体現者です。小学生でも差別に抗する感性や知性をもつことができるのです。

＊

　「あつい壁」の思想の高みは、40年余の時空を経て、「おおかみこどもの雨と雪」（監督／細田守：2012）に受け継がれました。これぞ日本が世界に誇るアニメです。美術の素晴らしさはもちろんのこと、あえて差別される側に身を置く人物に光を当てたという点で近年出色の作品です。

　大学生の花は、人間の姿をした「おおかみおとこ」に心惹かれ、恋に落ちます。彼がおおかみの末裔(まつえい)であることを知った後も、彼とともに生きることを選択し、2人の子どもを産みます。姉の雪と弟の雨です。

　一家4人、これからというときに、彼は不慮の死を遂げます。花は、雪と雨の将来を見据え、人里離れた山間で暮らすことを決意します。ここでなら雪と雨は、人間として生きるのか、おおかみとして生きるのか、自己決定できると考えたのです。どこまでも思いやりの深い花ならではの判断です。

　雪と雨は絶対的少数者であり、その異型性が表面化することによって、排除される可能性が高まります。もとより花は排除される可能性を引き受けたのであり、雪と雨も、花の思想をどこかの局面で受け継がねばなりません。花、雪、雨は、差別を受ける少数者のメタファーであり、代弁者です。

　本作は観客に、差別に対する抵抗感、差別に対する嫌悪感といったものを与えてくれるでしょう。差別を許さない力の形成をめざす教育と軌を一にする作品、筆者の教育学的テーマと応答関係にある作品です。

コラム 15 「風の舞」―元患者が伝えるハンセン病の現在位置

「風の舞」(監督/宮崎信恵)は、ハンセン病患者の詩人塔和子の過酷な人生とそこから生まれた詩に光を当てたドキュメンタリー。塔の詩集に胸を熱くしたという吉永小百合も、9編の詩をボランティア朗読している。

ハンセン病患者は1907年に制定された法律「ライ予防ニ関スル件」、53年の「らい予防法」などによって強制的に各地の療養所に隔離収容され、家族のもとに帰ることはおろか骨になっても帰れなかったという。1943年にアメリカで治療薬が開発され治癒する病になったわけだが、隔離収容政策はなんと1996年まで続いたのである。

筆者の居住地である札幌では2003年12月4日に上映されたのだが会場入口は長蛇の列で満員札止めとなった。これは皮肉な現象である。この上映会に先立つ11月半ばに、かの「ハンセン病元患者宿泊拒否問題」が発生し、差別と偏見、恐怖心が今なお除去されていないという現実が本作の上映に追い風になったのだ。2001年の熊本地裁判決で国の強制隔離政策は憲法違反だと断罪され国も謝罪したが、それだけでは国民の意識は変わらない。

だからこそ本作であり、塔和子をはじめとする当事者たちなのだ。ハンセン病は顔や手足に障害が現れる。ゆえにカメラの前にその姿をさらすことは実存的な行為である。社会を変えるにあたってまずもって必要なのは、自分が被写体になり言葉を発すること。そのことをやってのけたという一点で本作はすばらしい。とりわけ、療養所の入所者と小学生との交流場面は秀逸。喜びに満ちあふれた入所者と輝く明日を象徴する子どもたち。これは教育の営みが切り拓いてきたもの。痩せても枯れても教育には大きな可能性があるということだ。そして2015年5月。河瀬直美作品「あん」が、樹木希林と市原悦子という名優を伴って、ハンセン病元患者の現在位置を照射する。

＊『総合リハビリテーション』2004年5月号を改稿

■第2節 「ニッポンの、みせものやさん」
　　　　「見世物小屋　旅の芸人・人間ポンプ一座」
　　　　——消えゆく見世物小屋の障害者芸人から障害者史を学ぶ

　1981年の興業収入ベストワン作品「エレファント・マン」（監督／デヴィッド・リンチ）の舞台は、障害者が見世物になっていた19世紀のロンドンです。見世物小屋の看板には奇形や異形を意味する「フリークス」の文字。奇形障害者が見世物になっていた時代があったのです。

　その後、サーカス団のメンバーとして、芸人としてのアイデンティティ、誇りをもつ障害者が現れることになりますが、それを捕捉したのが1932年につくられた「フリークス」（監督／トッド・ブラウニング）です。アメリカでは上映禁止運動が起き、イギリスでは30年にわたり上映が禁止されました。日本では、1934年に「怪物団」という邦題で2週間ほど上映されましたが、戦後、小規模ながらも公開が実現したのは1980年代に入ってからです。1930年代の障害者芸人が大挙出演した伝説の一作です。

＊

　さて、2013年2月に筆者が住む札幌でも、「ニッポンの、みせものやさん」（監督／奥谷洋一郎：2012）と「見世物小屋　旅の芸人・人間ポンプ一座」（監督／北村皆雄：1997）が一挙公開され、日本のここ20年ほどの見世物小屋の状況を垣間見ることができました。[※1]

　前者の被写体は、現在、唯一見世物小屋として興業している大寅興業社の面々ですが、そこに障害者はいません。後者の被写体は1990年代の安田里美興業社、本作のタイトルにならうなら「人間ポンプ一座」です。ここでは障害者が芸を披露しています。知的障害と精神障害を負っている方も舞台に立っています。日本では1990年代までは見世物小屋が4つあり、障害者芸人も健在だったのですが、その後は自然消滅の道をたどっているようです。

　人間ポンプの異名をとる安田さんも、ナレーションによれば「白子（アルビノ）」であり、幼いころに一座にひきとられたとのこと。昭和20年代まで

は、たとえば、お金持ちの家に障害のある子が生まれると、世間体のこともあり、金をつけて見世物小屋に引き取らせるというようなことがしばしばあったといいます。現代であれば、児童虐待、障害者虐待といった言葉がかぶせられるでしょう。

とはいえ、被写体の面々は日々を明るく生きています。それもそのはず、一座は蛇や猿などの小動物をふくめ大きな家族になっているのです。仮設小屋の組み立て・解体もみんなでやれば，食事もみんなでとります。そこにあるのは、排除ではなくて包摂の世界です。一座の長は、障害者や生活困窮者を救済するという意味で、さながら社会福祉の実践家です。

以下は、筆者の内面にせり上がってきた論点です。見世物小屋は、ある時代の障害者文化を発信してきたといえるのですが、現代の視点をもってすれば、それは人権侵害の文化だったと評する向きもあるでしょう。その一方、一人ひとりが持てる力と創造性を発揮してきた歴史として捉えることもできます。

両作のようなドキュメンタリー作品によって，障害者史を改めて見直し，排除ではなくて包摂の社会，すなわちインクルーシブな社会の構築へと歩を進めるべきです。

※1　両作は2013年2月19日～25日、札幌の蠍(さそり)座にて上映された。

▶第3節　「私たちの時代」──未来の担い手を育てる確かな教育実践

筆者は、本書80ページで園子温作品「恋の罪」の女優陣を称賛しました。それぞれが我が身を投げ出していたからです。ただし、7ページで注意喚起したように「恋の罪」は学生が鑑賞を途中で止めたいわくつきの作品です。

ここで、万人が鑑賞可能で、かつ筆者にとって「恋の罪」女優陣を圧倒する唯一の作品をとりあげます。

その名も「私たちの時代」(ディレクター／今村亮：2010)。

本作は、2006年から2008年にかけての奥能登は石川県立門前高校の女子ソフトボール部の面々と教師を被写体としたドキュメンタリーです。被写体は、日焼けクリームや化粧はおろか、携帯電話とも無縁な女子高校生たちです。
　本作は、幾重もの偶然のうえに成り立っています。2007年の奥能登地震しかり、決勝戦で起きたハプニング（予期しないできごと）しかり。
　きわめつけは、2008年6月8日午後に起きた「秋葉原無差別殺傷事件」。同日午後、高校女子ソフトボールの地方大会・決勝戦「津幡高校対門前高校」が北陸のグラウンドで行われていたのです。本作は決勝試合のドキュメントそのものがすばらしく、次々繰り出される「奇蹟」に目頭が熱くなること必定です。
　2008年とは、門前高校卒業式における答辞のとおり、「これから、私たちはどこへ向かえばいいのか。何を信じて、進んでいけばいいのか」と若者たちが呻吟（しんぎん）する時代だったのです。
　本作はもともと2010年にテレビで放映されたドキュメンタリーです。それが2011年秋以降、劇場公開されるにいたったのは、3.11以後の主体形成というテーマにピタリとはまったからにほかなりません。しかも、本作撮影中の2007年3月25日に、門前町は「能登半島地震」に襲われ、多くの家が潰れました。カメラは偶然にも、3.11をほうふつさせる現場と人びとの悲嘆および再生の素顔を捉えたのです。
　部を指導する教師室谷妙子は、女子ソフトバール界では伝説的な人物ですが、「教師の仕事は給料をもらうためにやるのではない…。子どもたちを1人でも、1人でも救わないと…。社会っていうのはそうでないと…」と述べているように、本質において教育実践家です。自宅を拡張して、部員とともに暮らすというスタイルも室谷教育思想のなせる技だといえます。部員もまた、内部規律を確立しながら、集団生活を営みます。
　筆者は、現下の子どもたちを救うとするなら、昭和30年代回帰型実践し

かないだろう、と拙著『映画で学ぶ特別支援教育』などでも述べてきましたが、室谷はこれを実践した希有な存在です。踊りを鑑賞してもらうために高齢化した地域に入っていくとりくみは、マカレンコ（1988〜1939）の『教育詩』さえ想起させます。地域づくりを射程に入れた、確かな教育実践として展開されているのです。

　より本質的で深刻な問題は、高校統廃合計画によって門前高校がなくなってしまうことです。室谷は、これだけいい子を育ててきたのにもったいない、と呟きます。そこにあるのは、やるせない怒りです。

　以下は、フジテレビ・ゼネラルプロデューサー横山隆晴が本作パンフレット（2011年9月3日発行）に寄せた一文から一部を抜すいしたものです。本作のもつ意味がよくわかります。

　　信じられないことが起こった。取材撮影を開始した翌年、2007年3月25日。「能登半島地震」発生。震度6強。取材先を直撃した。平穏な日常が一瞬にして崩れ、私たちは、その瞬間を、現場で"目撃"した。

　　ドキュメンタリー制作をしていて、こんなことが起こり得るのだろうか…。カメラに映し込まれる映像は、その瞬間から変わった。私たちは震えながら取材し、震えながら撮影を続けた。人々の「絶望」が幾重にも重なった。その哀しみに、私たちは声をかけることをしない、と心に決めた。不思議な感覚だった。町の人々の「絶望」が、今の日本の「挫折」と重なるように思えた。ここから、"希望の匂い"をどう探るのか…。この状況から、そんなことが、できるのだろうか…。

　　2007年、春、私たちは茫然とした思いで、震えながら、奥能登の崩れた海岸に立ち竦んでいた。

　　そして、奥能登で取材撮影を続けていた、2008年6月8日、午後。日本中を震撼させる事件が起こった。「秋葉原無差別殺傷事件」。東京・秋葉原の歩行者天国に、一台のトラックが突入。5人を無差別にはねて、3人を死亡させ、

トラックを降りたその25歳の青年は、ダガーナイフでさらに12人を刺し、4人を死亡させた。
　その凶行によって殺された7人の中には、19歳が2人、21歳の若者もいた。男は犯行の動機を、「世の中が嫌になった。誰でもよかった」、と供述した。
　「誰でもよかった」…。日本は遂に、こんな国になってしまったのかと、日本中の誰もがその寒々とした「絶望」感に胸を塞いだ。
　その同じ日の、同じ時間。2008年6月8日、午後。日本海に面した北陸地方のグラウンドで、人知れず行われていた高校女子ソフトボールの地方大会・決勝戦があった。門前高校と津幡高校の激闘。それが、本作、『私たちの時代』のラストシーンとなっている。
　東京を「絶望」が覆い、その凄惨な光景が現場からのテレビ中継放送で全国へ拡がっていた、その同じ時、「希望」を信じ、他者に思いを馳せながら、懸命に自分と闘い続ける若者たちの姿があった。その両者が、この日本で、同時にせめぎ合っていた。時を同じくして、「絶望」と「希望」とがせめぎ合っていたのだ。

　この一文は、さらに筆を進め、3.11、三陸の惨状、フクシマ、原発、核兵器、ヒロシマとナガサキ、平和の問題、私たちの今へとつなげています。とりわけ、「秋葉原無差別殺傷事件」に象徴される、絶望的ともいえる非人間的空気感に対するカウンター（対抗・反撃）として、「日本海に面した北陸地方のグラウンドで、人知れず行われていた高校女子ソフトボールの地方大会・決勝戦」が屹立していたという提起は重要です。
　未来の担い手を育てる確かな教育実践こそ、時代のカウンターたりえるのであり、それは、私たちの日々の実践のように深く、静かに、地味にとりくまれるものなのです。

終章　特別支援教育精神は時代と国境をこえて

◼第1節　「長屋紳士録」
―小津安二郎が子どもたちを救済しようとしていた時代

　英国映画協会が発行する映画専門誌『サイト＆サウンド』が十年ごとにトップテンを発表していますが、2012年8月、小津安二郎監督の「東京物語」（1953）が、世界の映画監督358人によってナンバーワンに選ばれました。これは、「東京物語」が世界映画史上ナンバーワンになったことを意味します。長らく「市民ケーン」がナンバーワンでした。

　いまごろ、世界映画史上ナンバーワンといわれても、1963年没の小津には知る由もないことです。小津は当時においても雲の上の孤高の存在であり、小津に対抗できるのは小津自身だったというわけです。

　たとえば、「早春」（1956）、「東京暮色」（1957）は、三大傑作として評される「晩春」（1949）、「麦秋」（1951）、「東京物語」へのアンチテーゼであることは、タイトルからして明らかです。娘の結婚、老い、諦観、家族関係の1.5％程度の崩壊を描く傑作群に疑義が生じたのか、アンチ2作ではややハードな裏切りや対立を持ちこんでいます。しかし、芳しい評価を得られず、「豆腐屋は豆腐しかつくれない」として、晩年3部作「彼岸花」（1958）、「秋日和」（1960）、「秋刀魚の味」（1962）へと流れていきます。

　小津語録に、「おい、ラストで砂利かますなよ」があります。砂利をかますとは、ご飯に小石が混ざっており、せっかくおいしく食べていたのに、小石が歯に挟まってしまったような不快感を指します。ラストで砂利をかまし

た例として、木下惠介作品「日本の悲劇」(1953) の列車飛び込み、吉村公三郎作品「夜の河」(1956) のメーデーのデモを挙げています。※1

＊

2014年初夏。劇場で初めて小津作品「長屋紳士録」(1947) を観ました。本作は、大勢の方と一緒に観ることに意味があります。ラストのショットで観客がいっせいに涙をぬぐうからです。山田洋次作品ではよくあることですが、「小津映画」では初めての体験です。なにしろ、ラストに砂利をかますことを嫌うのですから、「泣かせ」をねらうわけがありません。それゆえ、驚愕したのです。本作は、ある意味「小津映画」のベストワンです。戦後1～2年のテーマを、子どもの生存権や発達権として措定したという点で「小津映画」においては孤高の作品だからです。

この時代、戦災孤児や外地からの引き揚げ孤児、いわゆる「浮浪児」が街をさまよっていました。この状況を打開するために、障害児教育・福祉の先駆者である糸賀一雄らが近江学園を創設したのも1946年のことです。小津と糸賀は同じ状況を目撃し、一方は映画、もう一方は施設づくりをとおして子どもたちを救済しようとしたのです。

ストーリーはいたってシンプル。東京の九段で迷子になった8歳くらいの子どもを易者の田代（笠智衆）が長屋に連れ帰ります。押し問答の末、不承不承おたね（飯田蝶子）が預かることになります。情が移ってきたところで実の父親が現れ、おたねにとっては哀しい別れとなります。これだけならよくある長屋人情噺です。以下、ラストのショットに飛ぶ前のやりとりです。

子どもがほしくなったおたねは田代に「ちょいと見ておくれよ」と手のひらを差し出します。田代は「あんた亥じゃったか」「亥なら乾の方じゃよ」「まあ、本郷か下谷の方じゃろか」と答え、おたねは「下谷なら上野の方」「うん、西郷さんね…銅像ね…」と独りつぶやきます。

ここから西郷さんの銅像に飛びます。そのまわりには家なき子たちが群れています。これこそ小津が戦後第一作においてきりとった1947年春の子ど

もたちの風景であり、憲法や児童福祉法と軌を一にする日本の出発点だったのです。※2

※1　メーデーのデモは、主人公がドロドロした男女関係の世界から抜け出し、社会と向き合う存在になっていくことを暗示しており、見事なうっちゃり技として評することができます。
※2　「長屋紳士録」の脚本は12日間で書き上げたとのこと。撮影は1947年3月から5月。封切は同年5月20日です。

▌第2節　「微笑大使」─「笑い」の本質をつかみとりながら台湾のインクルーシブ教育の到達を示す

　「微笑大使」（監督／謝佳男（シェチャナン）：2012）は、台北市立大安高級工業職業学校に通う遺伝性の難病をもつ女子高校生ファン・シーユーを被写体とするドキュメンタリーです。同校は、台湾が日本に統治されていた1940年に創設されており、初代校長は日本人。現在、昼間部、夜間部合わせて3700名もの生徒を擁しており、老舗の工業高校として台湾の発展を担ってきたことは想像に難くありません。

　ファンの病名は、遺伝性痙攣性下半身麻痺。台湾では自身の弟を加えた2例のみ。ファンは、四肢の筋機能低下のため車イス生活を余儀なくされ、発語も流暢ではありませんが、学校では笑顔を絶やしません。映像作家であり、この学校の特別支援学級の担任でもある謝佳男（シェ・チャナン）は、彼女の微笑に人びとを励ます力を感じ、カメラで追いかけることになりました。

　「笑い」は、人類史において仲間同士の「伝達＝コミュニケーション」の必要から生まれたものであり、「敵はいないよ、安全だよ」という情報を瞬時に送るサインだと言われています。すなわち、「笑い」は、人に安心・安全、安らぎを与え、気持ちを前向きにさせるものです。

　本作は、ファンの情報科2年生のクラスおよび家庭での生活ぶりをきりと

りながら、当面の2目標にチャレンジする姿を描きます。第1の目標は、矯正靴と杖で200メートルのトラックを1周する課題を達成し、そのごほうびとして憧れの新幹線に乗ること。第2の目標は、障害者を対象とするコンピューター技能を競う大会に出場して一定の成績をおさめること。

　ことの顛末はハッピーだったと言っておきます。

＊

　筆者が注目したのは、ドラマの中心から外れた周辺の状況です。ひとつは高校に特別支援学級があるという事実。もうひとつは、ファンのような特別な支援を要する生徒が通常学級で学んでおり、しかも個別の支援計画を作成するなど必要な手だてが講じられているという事実です。日本は、一部をのぞいて、ここまでのレベルには到達していません。

　以上の問題関心から、筆者は2014年3月、同校を訪問しました。特別支援学級生徒総勢13名による合唱等の学習成果の発表の後、謝先生からていねいな説明を受けました。それによると、自閉症スペクトラム障害、学習障害、肢体障害、身体虚弱、視覚障害、聴覚障害など100名弱の障害生徒が資源教室（Resource Room）を活用しながら学んでいます。個々のニーズに応じて、試験の時間延長、筆記代行、読み上げ、パソコンによる回答を可とするなど、必要な支援が講じられています。なるほどファンが終始笑顔だった理由がわかります。基本的安心感・安全感が確保されているのです。ここに台湾の特別支援教育、インクルーシブ教育の到達があります。

　ファンは、自分が微笑めば、人が微笑んでくれることを知っています。微笑むことで多くの人とつながれることを知っています。小品ながら「笑い」の本質をつかみとった秀作です。

※1　上映45分
　　鑑賞問い合わせ：イメージ・サテライト（TEL）03-3511-7030

観たことのある映画チェック表 (2015年6月末日現在)

　障害や治癒が困難な疾病を抱えた人、その周辺領域の人を取り上げた映画を適量と思われる範囲で一覧表にしてみました。障害などのくくりについては筆者の独断によるものであり、医学的な基準などに基づいているわけではありません。微妙な層（グレーゾーン）にも拡張しています。それでは、観たことのある作品に○印をつけてみましょう。

	視覚障害		暗くなるまで待って		竹山ひとり旅
	座頭市シリーズ		大菩薩峠		太陽は、僕の瞳
	至福のとき		暗いところで待ち合わせ		こんにちわハーネス
	クイール		パートナーズ		夢追いかけて
	ふみ子の海		武士の一分		セント・オブ・ウーマン／夢の香り
	山のあなた～徳市の恋		はなれ瞽女おりん		
	運動靴と赤い金魚		ハッピー		解夏
	マルコのひかり		春琴抄		清作の妻
	二十四の瞳		デアデビル		ダンサー・イン・ザ・ダーク
	RAY／レイ		風の丘を越えて		ICHI
	聴覚障害		どんぐりの家		君の手がささやいている
	愛は静けさの中に		アイ・ラヴ・ユー		アイ・ラヴ・フレンズ
	アイ・ラブ・ピース		風の歌が聴きたい		遥かなる甲子園
	息子		名もなく貧しく美しく		アイ・コンタクト
	音のない世界で		ビヨンド・サイレンス		エイミー
	泣きながら笑う日		あの夏、いちばん静かな海		きれいなおかあさん
	パーフェクト・サークル		リード・マイ・リップス		ゆずり葉
	あぜみちジャンピッ！		ザ・トライブ		
	視覚・聴覚重複障害		奇跡の人		子ぎつねヘレン
	肢体不自由		ウィニング・パス		オアシス
	典子は、今		ヴァージン・フライト		ボーン・コレクター
	モンタナの風に抱かれて		潜水服は蝶の夢を見る		サイモン・バーチ
	ケニー		フリークス		7月4日に生まれて
	ジョニーは戦場へ行った		マイ・レフトフット		レナードの朝
	キャタピラー		AIKI		ジョゼと虎と魚たち
	ナショナル7		車椅子の青春（続あり）		5等になりたい
	さようならCP		パッション・フィッシュ		ボディ・バンク
	えんとこ		ちょっと青空		ウォーターダンス

花はどこへいった	ふたりにクギづけ	障害者イズム
おそいひと	マイ・フレンド・メモリー	ピピ〜とべないホタル
未来への伝言	人間の壁	天国の青い蝶
赤い天使	家の鍵	もっこす元気な愛
微笑大使	最強のふたり	幸せのありか
抱きしめたい―真実の物語	マンゴーと赤い車椅子	博士と彼女のセオリー
きっと、星のせいじゃない。	グレートデイズ！ ―夢に挑んだ父と子	セッションズ
君と歩く世界		暗闇から手をのばせ
だいじょうぶ3組		
重症児	夜明け前の子どもたち	ロレンツォのオイル
チェルノブイリハート	普通に生きる	
昏睡	眠る男	トーク・トゥ・ハー
知的障害	母なる証明	カーラの結婚宣言
ウィズ・ユー	メリーに首ったけ	I am Sam／アイ・アム・サム
ギルバート・グレイプ	八日目	道
ニワトリはハダシだ	学校Ⅱ	春男の翔んだ空
裸の大将放浪記	しがらきから吹いてくる風	奈緒ちゃん
働くなかでたくましく	エイブル	フォレスト・ガンプ／一期一会
エロ事師たち 人類学入門	㊙色情めす市場	馬鹿が戦車でやってくる
ミフネ	まひるのほし	プライド・イン・ブルー
筆子・その愛―天使のピアノ	うまれる	ありがとう ―「奈緒ちゃん」自立への25年
僕はラジオ	こどものそら	
男はつらいよ 奮闘篇	チョコレートドーナツ	もも子かえるの歌がきこえるよ
39窃盗団	パンク・シンドローム	くちづけ
自閉症スペクトラム	レインマン	学校Ⅲ
彼女の名はサビーヌ	モーツァルトとクジラ	自転車でいこう
ぼくはうみがみたくなりました	ちづる	マラソン
カミュなんて知らない	マーキュリー・ライジング	ロストパラダイス・ イン・トーキョー
チョコレートファイター	静かな生活	
劇場版ATARU THE FIRST LOVE & THE LAST KILL	ものすごくうるさくて、 ありえないほど近い	星の国から孫ふたり 〜自閉症児の贈り物
シンプル・シモン	ドラゴン・タトゥーの女	舟を編む
越前竹人形	電車男	海月姫
箱入り息子の恋	海洋天堂	チェイス！
タリウム少女の毒殺日記	くちびるに歌を	きみはいい子

LD・ADHD	パーフェクト・カップル	サンシャイン・クリーニング
イン・ハー・シューズ	天国はまだ遠く	ノーウェアボーイ
アマデウス	敬愛なるベートーヴェン	カルメン故郷に帰る
ＤＸな日々 〜美んちゃんの場合	「男はつらいよ」シリーズ	ウォント・バック・ダウン ―ママたちの学校戦争
	サウンド・オブ・ミュージック	
おとうと（市川崑版）	おとうと（山田洋次版）	みんなの学校
愛を読む人	マミー／Mommy	
言語障害	英国王のスピーチ	青い鳥
独立少年合唱団	炎上	小さな目撃者
機関車先生(実写・アニメ)	ダンサー	ギター弾きの恋
ピアノレッスン	アントキノイノチ	ぼくを探しに
円卓 こっこ、ひと夏のイマジン	マキノ雅弘版「次郎長三国志」	書を捨てよ町へ出よう
北のカナリアたち	言葉のきずな	あの日の声を探して
精神障害	精神	ぐるりのこと
やわらかい生活	カッコーの巣の上で	シャイン
バーディ	ヴァイブレータ	ビューティフル・マインド
ふるさとをください	17歳のカルテ	エスター
コントロール	黒い家	ランド・オブ・プレンティ
ミザリー	羊たちの沈黙	ハンニバル・ライジング
生きたい	ハリー、見知らぬ友人	阿弥陀堂だより
情痴 アヴァンチュール	十三人の刺客	スパイダー
ピアニスト	消えた天使	少年は蜘蛛にキスをする
リトル・チルドレン	シャイニング	人生、ここにあり！
記憶喪失	心の旅	かくも長き不在
シベールの日曜日	心の旅路	瞬 またたき
記憶障害	博士の愛した数式	メメント
ガチ☆ボーイ	明日の記憶	私の頭の中の消しゴム
ハンセン病	あつい壁	新・あつい壁
風の舞	熊笹の遺言	砂の器
小島の春	愛する	モーターサイクル・ ダイアリーズ
あん	パピヨン	
依存症	マイネーム・イズ・ジョー	酒とバラの日々
酔いどれ天使	クララ・シューマン愛の協奏曲	酔いがさめたら、 うちに帰ろう
息もできない	ハート・ロッカー	
強迫神経症	恋愛小説家	アビエイター

参考資料：中橋真紀人氏による作品リスト（『ノーマライゼーション2010年5月号』所収）

■おわりに

　アナ雪のエルサから始まって、「サウンド・オブ・ミュージック」のマリア、任侠映画の高倉健、寅さん、三島由紀夫、寺山修司、ジョン・レノンと実母のジュリア、森繁久弥演じる森の石松、山田洋次に大島渚、若尾文子に小沢昭一、今村昌平に小津安二郎…。特別支援教育精神という角度から眺めるなら、なかなかどうして、みんないい、のです。

　さて、この一年、映画は悲鳴をあげています。キーワードは「戦火の中の子ども」。イラク戦争時の伝説の米軍狙撃手を描いた「**アメリカン・スナイパー**」(2014)で最初に標的になったのは子どもです。次の標的はその子の母親です。アフガニスタンでタリバンと戦う米軍偵察部隊の顛末を描いた「**ローン・サバイバー**」(2014)では、偶然出会った子どもを含む農民家族を皆殺しにすべきかどうかという問題に直面します。第二次世界大戦末期の米軍戦車部隊の戦いぶりを描いた「**フューリー**」(2014)では、最前線兵士として送り込まれてきたドイツの子どもたちを殺します。

　第二次チェチェン紛争(1999)に材を取った「あの日の声を探して」(監督／ミシェル・アザナヴィシウス)からは、こうあるべきだとするビジョンがかすかに見えてきます。9歳の少年ハジは、ロシア兵による両親殺害の場面を目撃し、声を失います。心的外傷による失声症です。一方、ロシアの若い兵士たちは遊び感覚で人を殺します。本作は、双方を同時進行で描き出し、人間の可能性と限界を露わにします。

　注目すべきは、ロシアの普通の若者である19歳のコーリャが「殺人兵器」と化していくプロセスです。ロシア軍に強制入隊させられたコーリャは、当初、兵士の自死に際して落涙するほどの共感性を有していました。しかし軍隊は、ひたすら上官から殴られ、罵られ、それまでの自分を全否定する場。ある日、コーリャは何の落ち度もないひ弱な兵士を殴り続け、意識を失わせ

ます。そこで初めて上官から誉められ、承認要求が満たされます。弱者をいじめることはもちろん、弱者に対して残忍にふるまえることこそ兵士に必要な感性なのです。かくして、侵攻先で、農民であっても子どもであっても、こいつはテロリスト、という論法でためらいなく発砲でき、殺害場面を笑いながら動画に収めることができるようになります。なるほど人間は、かくも容易に「非人間」に移行できるのです。となれば、ここは性悪説に立脚し、日本国憲法のごとく法で縛るしか手はありません。これこそ本作から見えてくるビジョンです。

＊

　本書は主に、『総合リハビリテーション』（医学書院）、『みんなのねがい』（全障研出版部）に連載した拙稿をもとにしています。『総合リハビリテーション』編集部の川上真理さんの応援はもとより、同誌連載の高橋正雄先生による『文学に見るリハビリテーション』からハイレベルの刺激をいただきました。1993年から22年にもわたりスペースを提供してくれた『みんなのねがい』編集部のみなさん、同誌に海外の障害者映画情報を提供してくれたイメージ・サテライトの中橋真紀人さんから力をいただきました。「タリウム少女の毒殺日記」や活動弁士付き「忠次旅日記」の上映にとりくんでくれた札幌映画サークルの面々には頭がさがります。国定忠治は人民闘争史およびハンディキャップ・ファイターという角度から取り上げるべき重要な人物です。

　表紙デザインは、子育てと地域づくりの語り部として活躍しているさやまはるこさんにお願いしました。表紙からさやまさんのほとばしるエネルギーが伝わってきます。編集担当の圓尾博之さんの疲れを決して表に出さない仕事ぶりに助けられました。ヘロヘロ状態の筆者をいつもなんとかしてくれました。応援してくれたすべてのみなさまにこの場を借りて感謝申し上げます。

　　　2015年7月　　「映画ビリギャル」と「海街diary」を見た翌朝に

二通 諭（につう さとし）

札幌学院大学人文学部人間科学科教授。
1951年札幌郡手稲町（現札幌市手稲区）で生まれる。
札幌西高等学校新聞局の活動をとおして教育問題に目覚める。
1974年北海道教育大学札幌分校卒業。
その後、北海道石狩管内小中学校計6校、35年間の教員生活を送る。
2009年から札幌学院大学にて主に特別支援教育関連科目を担当。
著書『映画で学ぶ特別支援教育』（全障研出版部：2011年）。編著書『特別支援教育コーディネーター必携ハンドブック』（クリエイツかもがわ：2011年）『障害児の教育権保障と教育実践の課題　養護学校義務制実施に向けた取り組みに学びながら』（群青社：2015年）など。長期連載「映画に見るリハビリテーション」（医学書院：『総合リハビリテーション』）。
全障研北海道支部運営委員長、ＮＰＯ法人北海道学習障害児・者親の会クローバー顧問、ＮＰＯ法人ハーモニー♪（高機能自閉症児をもつ親のサークル）理事、財団公益法人ふきのとう文庫評議員、札幌映画サークル会員。

本書をお買い上げいただいた方で、視覚障害者により活字を読むことが困難な方のために、テキストデータを準備しています。ご希望の方は、下記の「全国障害者問題研究会出版部」までお問い合わせください。

特別支援教育時代の光り輝く映画たち

2015年8月9日　初版第1刷発行　＊定価はカバーに表示してあります
2023年1月10日　　　第3刷発行

著　者　二通　諭

発行所　全国障害者問題研究会出版部
〒169-0051 東京都新宿区西早稲田2-15-10 西早稲田関口ビル4F
Tel. 03(5285)2601　Fax. 03(5285)2603　http://www.nginet.or.jp

印　刷　モリモト印刷

ⓒSatoshi Nitsu 2015　ISBN978-4-88134-415-6